幸福心理学

过你想过的一生

刘 晶◎著

中国书籍出版社
China Book Press

图书在版编目 (CIP) 数据

幸福心理学 : 过你想过的一生 / 刘晶著 . -- 北京 :
中国书籍出版社 , 2022.11

ISBN 978-7-5068-9298-8

Ⅰ . ①幸… Ⅱ . ①刘… Ⅲ . ①幸福 - 应用心理学
Ⅳ . ① B82

中国版本图书馆 CIP 数据核字（2022）第 213344 号

幸福心理学：过你想过的一生

刘 晶 著

责任编辑	尹 浩	
责任印制	孙马飞 马 芝	
封面设计	刘红刚	
出版发行	中国书籍出版社	
地 址	北京市丰台区三路居路 97 号 (邮编：100073)	
电 话	（010）52257143（总编室） （010）52257140（发行部）	
电子邮箱	eo@chinabp.com.cn	
经 销	全国新华书店	
印 厂	三河市德贤弘印务有限公司	
开 本	710 毫米 × 1000 毫米 1/16	
字 数	233 千字	
印 张	14.5	
版 次	2023 年 3 月第 1 版	
印 次	2023 年 3 月第 1 次印刷	
书 号	ISBN 978-7-5068-9298-8	
定 价	56.00 元	

前　言

PREFACE

人的一生究竟要过成什么样子才算幸福呢？

关于幸福人生，每一个人都会有不同的答案。对于大众来说，如果能够拥有自己想要的且刚好又适合自己的人生，应该就算得上幸福圆满。

本书带你探秘幸福心理，提高幸福感，收获幸福人生。

首先，本书带你了解什么是幸福心理学，与你一起探讨影响幸福心理的因素和追求幸福的初衷。

其次，本书帮你充分认识自我、悦纳自己，在树立自我意识、培养独立人格的基础上，真正了解和看清自己的内心需求，奠定良好的自我认知基础。

再次，本书邀你一起去寻找幸福，让你在家庭、亲密关系、学习以及工作中遇见幸福、经营幸福、实现幸福。

最后，本书教你如何面对人生路上的各种选择，如何直面通往幸福之路上的各种荆棘，帮你获得追求幸福的勇气，助你提高守护幸福和拥抱幸福的信心和能力。

本书摒弃艰涩难懂的说教，与你娓娓道来，希望你能从内容丰富、

语言清丽的文字中汲取寻找幸福的力量，掌握追求幸福的健康心理和

方法，了解各种提高幸福感的实用策略，并勇敢付诸行动。

愿你追求幸福并最终收获幸福，过好你想过的一生。

作　者

2022 年 10 月

目 录

CONTENTS

第一章

探秘幸福，从了解心理学开始

第二章

发展自我意识，是收获幸福的前提

第三章

积极的情绪与人格，成就幸福人生

第四章

家庭是获得幸福的重要港湾

第五章

在亲密关系中获得幸福感

第六章

在学习与工作中提升自我，寻觅幸福

第七章

人生道路的选择关乎幸福的未来

第八章

通往幸福的路不是一帆风顺的

第九章

向阳而生，拥抱幸福

第一章

探秘幸福，从了解心理学开始

幸福是一种积极向上的、美好的情感体验。幸福是主观的，当人们感到满足、快乐、放松时，就会感觉自己是幸福的。

幸福心理学是从心理学的角度解读幸福，让人们对幸福有更深入的认识。通过学习幸福心理学，人们能够深入地了解幸福，积极面对生活，平衡人生中的选择，进而拥抱幸福。

什么是幸福心理学

幸福心理学也被称作积极心理学，是一门从积极的角度研究心理学，帮助人们获取幸福的学问。

在幸福心理学正式创立之前，人们就对其有所研究了。中国的伟大思想家庄子有"心斋""坐忘"等思想，从积极的角度对人的心理状态进行研究。国外心理学家荣格也曾从心理学角度研究过生活的意义，试图以此指导人们过更有价值的人生。

1998 年，美国心理学家马丁·塞利格曼（Martin Seligman）正式提出了"幸福心理学"这一概念，并指出幸福心理学的目的是探究如何快乐地生活。

具体而言，幸福心理学是从积极的角度出发，发挥心理学正面的导向作用，研究人类的优质品格和性格特点，如乐观、坚强、豁达等。通过对正面情绪的研究，让人们感受到生活的美好。

幸福心理学主张以积极的态度面对生活中的种种困难，以积极入世的方式处理人际关系，让人们处于健康向上的生活环境中。这样，人们的心理状态与所处的环境就能够相互影响，让人们长期处于高幸福感的生活中。

随着时间的推移，幸福心理学的内容被不断完善，逐渐形成成熟的发展体系，成为科学的、实用的心理学。随着幸福心理学研究的不断深入，这门科学对人们的影响也更加深入，逐渐渗透至人们的生活中，指导人们过更有意义的人生。

如何定义幸福

幸福是什么？幸福是一种长期平和的精神状态，是希望得到满足后的心理状态。人们常把想要的生活与幸福挂钩，用幸福来表达一种美好而平和的状态。

但具体到每个人身上，对幸福的理解又有所不同。

人生不是命题作文，也没有参考答案，每个人的人生都是不同的，每个人眼中的幸福也是不同的。从这一点来说，幸福并没有十分准确的定义。

有人认为，经济独立、生活优渥是幸福；有人认为，精神富足、诗书相伴是幸福；也有人认为，家人相伴、平安喜乐是幸福。有人将幸福与人生价值挂钩，认为在实现理想后才能得到真正的幸福；有人只求平淡一生，回家后吃一顿家常便饭就能感觉到幸福。因此，幸福是因人而异的，也是多种多样的。

只要努力地经营自己的生活，就会在某个瞬间获得幸福。这样说来，幸福就不仅仅是一种感觉，更是一种目标，获得幸福就是人们努力的方向。

幸福是很难定义的，但幸福又是无处不在的，只要你用心生活，总能感到幸福。

影响幸福的因素有哪些

　　幸福是一种主观的情绪，每个人关于幸福的标准都有所不同。一些人眼中令人艳羡的东西，在另一些人眼中也许一文不值。但有些因素是具有普遍性的，比如精神上的满足感、身体健康状况、社交关系、个人情绪等，这些因素将极大地影响我们的幸福体验。

精神上的满足感

　　精神上的满足感是获得幸福的主要影响因素。幸福与否，在于心灵的感知，在于精神的富足。一个人能够用乐观积极的态度面对人生，即使生活拮据，也能够从日常点滴中汲取力量、获得幸福。

每个人对幸福的理解不同，有人锦衣玉食依然愁眉不展，有人粗茶淡饭却乐得自在，可见，幸福与金钱、地位、荣誉等身外之物并没有绝对的关系。精神富足的人更易感知幸福。

幸福的获得同样离不开个人价值的实现，能够实现人生价值，就意味着个体生命的存在是有意义的。这能够让自我获得极大的满足感，也就会感到无比幸福。

身体健康状况

身体健康状况相比于精神上的满足对幸福的影响更加直接。健康的身体能够为人的活动提供能量，能够支撑人们做好想做的事情，并且能够在追寻幸福的道路上长远地走下去。

健康的身体是获得幸福的基础，没有健康的身体，幸福只是空谈。糟糕的身体状况会影响人们的正常生活，让人感到无力，也难以专心于眼前的事情。时间久了，就可能产生疲惫、暴躁、痛苦等负面情绪。长期处于负面情绪中，就可能产生抑郁、焦躁等心理问题，不利于个人的长久发展。

因此，我们要关注身体健康，提高身体免疫力，让自己处于积极向上的生活状态中，这样才能追求长远的幸福。

社交关系

社交是影响幸福的重要因素。人们的生活离不开社交，而维系正常的社交关系是人们在社会中获得幸福的主要条件。

良好的社交关系是人们向上发展的必要条件，日常的人际交往能够满足人们的沟通交流需要。

一个人如果没有正常的社交关系，那么，他将处于自我封闭的环境中。长期不与他人进行沟通，会加剧个人的孤独感，长此以往，将很难感到幸福。

因此，一个人想要得到幸福，就要用心经营人际关系，同周围人友好相处，在社交活动中形成自己的处世之道，这样才能让自己处于正常的、健康的社交环境中，并通过社交获得朋友与知己，得到外界的认可，获得幸福感。

个人情绪

情绪同样是影响幸福的重要因素。长期处于消极情绪中，情感体验往往是痛苦、压抑的，不易感到幸福，而积极的情绪能够帮助人们以乐观的心态面对生活，对幸福的感知也更加强烈。

因此，想要获得幸福，就要学会控制情绪，尽量消除负面情绪的影响，努力培养积极情绪。

用乐观的心态看问题，不被消极情绪支配，保持情绪稳定，积极面对生活，努力创造幸福的可能，才能距离幸福更近。

为什么要追求幸福呢

自人类拥有个人意识以来，就一直在追求幸福，从古至今，我们对幸福的追求从未停止。那么，我们究竟为什么要追求幸福呢？

满足人们对美好生活的期待

人们追求幸福，就是想要实现自己对美好生活的期盼，让自己的人生更加灿烂。

在多数人的印象中，幸福意味着美好、意味着圆满，而人们普遍对于美好与圆满有着强烈的向往。人生充满未知数，可能会有许多不能实现的愿望和无法弥补的遗憾，而人们总是希望能够避开那些不美好，拥有尽善尽美的人生。这份美好期待，正是人们对幸福的追求。

所以，追求幸福是为了满足人们心底的期待，在追求幸福的过程中，人们会产生快乐的情绪，认为自己正在趋近美满。

满足人们对高质量生活的追求

人们都希望自己的生活是有质量的，既要满足精神需求，也要满足物质需求。

人们为了实现自己的期待，会持续地追求幸福，并希望通过这样的方式，让自己过上理想的生活。

追求幸福，需要不断奋斗，努力前行。人们经过艰苦奋斗，能实现人生的理想，提高生活质量。因此，追求幸福是人们满足自我需求的一个过程，而幸福就是人们对未来生活的期待。

找寻生命的意义

每一个生命都有其存在的意义，而有思想、有追求的人对生命意义的理解更加深刻。

　　人们希望自己的生命是有价值的，希望自己的生活是有价值的，而人们的这种追求，与对幸福的追求不谋而合。

　　幸福是人生的目标，追求幸福就是一个追寻生命意义的过程。在追求幸福的过程中，人们不断提升自我、锻炼自己的能力，使自己成为更加优秀的人。

　　因此，追求幸福能够帮人们找到生命的意义，实现人生的价值。

第二章

发展自我意识，
是收获幸福的前提

发展自我意识，正确地认识自己，积极地悦纳自己，是个体通向幸福人生的重要途径之一。在此基础上，增强积极情绪，做更多有意义的事并心怀感恩，能帮助我们建立人生的正向循环，令我们顺利地发现幸福、感受幸福、拥抱幸福和传递幸福。

认识自己

客观、精准的自我认知，既能帮助我们平稳心态，减少情绪内耗，还能帮助我们确立人生方向，少走弯路。可见，认识自己，是我们收获幸福的基础。

认识自己，是通往幸福的第一步

尼采曾说："对于一个聪明人而言，只要能准确地认识自己，便很难失去什么。"认识自己，是人生中最主要的任务之一，可以说，它是我们通往幸福的第一步。

认识自己，才能目标明确地奔赴未来。目标是一个人前行的指明灯，而很多人之所以会获得成功，很大程度上在于他们脚步坚定、目标清晰。如果一个人无法准确地认识自己、评价自己、定位自己，就很难找到正确的努力方向，会频频碰壁，离成功越来越远。

生活中，那些自我认知不准确的人不清楚自己想要的是什么，于是付出越出，失望亦越多。

认识自己，才能恰当地发挥潜能。每个人都有着巨大的潜能，而人与人之间的差距有时候正在于有的人能充分地挖掘自己的潜能，让自己在合适的舞台上发光发热，而有的人却因为对自己的认识不准确而无法发挥自身潜能，导致才华埋没，庸碌终生。

认识自己，才能稳稳地握住幸福。生于现代社会，唯有正确地认识自己，才能控制自己的欲望，才能逐步地磨砺自己的性情，才能从修心开始，一点点将自己雕刻成理想中的模样，最终获得属于自己的幸福。若始终听不清自己内心的声音，就容易被外界的噪音所干扰，变得随波逐流，令自己与幸福之间的距离越来越远。

如何正确地认识自己

老子曰："知人者智，自知者明。"正确地认识自己，是我们走上属于自己的人生舞台、大放异彩的前提。那么，如何才能正确地认识自己呢？

首先，我们可以通过这样几个维度去认识自己：其一，明确自己的性格，如是活泼外向型还是内向敏感型等；其二，确认自己的优势、缺点，了解自己擅长做的事情和不擅长做的事情；其三，找到自己感兴趣的领域；其四，明确自己的价值观。

我们可以拿出纸笔，对照以上几点去逐一记下关于自我的关键词，自我画像也将逐渐变得清晰起来。

其次，我们还可以从以下途径去认识自己：其一，询问、收集身边熟悉的人的评价，如亲人、朋友、同学、同事等；其二，设计一份关于自己的调查问卷，广泛投放于身边的社交群，邀请别人匿名打分、评价，进而了解自己的群体印象或在人际关系中的角色定位。

最后，完成对内连接，对当下的自己有更多认识。比如，利用正念冥想去深入观察自己当下的状态：在工作中是否勤奋努力，是否积极向上；在人际关系处理方面是否游刃有余；对未来是否充满信心等。

自我认知是贯穿于个体一生的主题，那些优秀的人一生都在不断地自我认识、自我充实、自我发展与完善。正确地认识自己，并不断完善自我，幸福就会在不远处向你招手。

悦纳自己

自我悦纳是一种珍贵的能力，它能帮助每个人在认识自我、接纳自我的基础上不断地改进自我、完善自我，从而稳稳地收获幸福。

自我悦纳，接受不完美的自己

生活中，那些不懂得悦纳自我的人一来过分在意他人的评价，总是深陷情绪内耗；二来找不到自己的价值，自卑感如影随形。他们无法接受不完美的自己，生活得不快乐，也因此常常与幸福失之交臂。

而那些生活充实、心理健康的人总能够积极地悦纳自我，哪怕自己各方面的条件都不如别人，他们也能自信地面对世界，努力地充实自己。

李阳在生活里是个十分阳光的人，入职新公司不久，他便凭着亲切、自信的笑容和幽默、乐观的性格获得了同事们的一致好评。

和李阳一同入职的小顾高大帅气，外形出众；小张毕业于某名牌大学，工作履历丰富。与他们相比，李阳相貌平平，学历背景也很普通，方方面面都稍显逊色，但李阳从不因此而自卑，他主动和小顾学习职场穿搭和健身方面的知识和技巧，积极改变自己的外在形象；向小张讨教工作技能，不断提升工作效能，丰富内心的学识。经过长时间的努力，原本不那么出众的李阳变得越来越优秀、有魅力。

真正能够悦纳自我的人，就像李阳一样，既能够正视自身的不足，与不那么完美的自己和平共处，又能在充分认可自身优势的基础上不断地向身边优秀的人学习，取长补短，努力靠近心中更好的自己。

能够悦纳自我的人，才能拥有幸福的人生。我们每个人都要保持乐观向上的心态，去挖掘自己独特的价值，发挥自己的魅力，在人生的舞台上完成一次又一次的蜕变。

这样做，才能实现自我悦纳

学会悦纳自己，才能拥有幸福人生。那么，如何做才能实现自我悦纳呢？

根据实际情况，客观地评价自我

很多人都无法做到客观地评价自我，他们要么过度自信，只看到自己的长处，却不肯承认自己有着很多缺陷与不足；要么过度自卑，一味放大自己的缺点，却看不到自己的闪光点。无法客观地评价自我、深刻地认识自己的优缺点，就无法正确地感知和体验自己的价值，更无法持续地去改进自己、完善自己。

我们要根据自己的实际情况去客观地评价自己，客观、完整的自我评价是我们悦纳自己的前提。

倾听内心的声音，重视自己的感受和需求

悦纳自己，就一定要耐心倾听内心的声音，重视自己的感受，尊重并及时满足自己的需求，而不要因为种种外因去极力压制内心的声音，甚至为了取悦别人而一味委屈自己，这样只会让你变得越来越自卑、压抑，看不到自己的价值。

给自己积极的心理暗示，及时肯定自己

悦纳自己，就要积极地给自己赋能，自信满满地开启每一天。哪怕遭遇困难或处于逆境，也要鼓励自己，用正面的心理暗示调整心境，激发斗志，积极行动起来。在获得成功的时候，要及时地肯定自己，并与身边的人分享喜悦。

总之，要学会自我悦纳，欣然地接受自己，客观地评价自己，并通过努力不断地使自己得到发展和完善，向着美好的未来稳稳迈进。

做有意义的事

　　行走在漫漫人生路上，每个人都可能会经历迷茫的时刻，不知道该去往何方。抱着这份迷茫，一些人变得越来越没有动力，甚至不思进取、得过且过。

　　想要摆脱这种状态，我们就要努力地去做更多有意义的事，积极地实现自我价值，丰富与充盈自我人生之路。

　　那么，究竟什么才是有意义的事呢？关于这个问题也是因人而异的。有的人认为保持终身学习的心态，不断地汲取知识、充实自己才是有意义的事；有的人认为为了家人的稳定生活、子女的光明未来，而辛勤地工作、孜孜不倦地努力才是有意义的事；有的人认为怀着一颗利他之心，无私地向需要帮助的人伸出援助之手才是有意义的事，等等。

虽然不同的人对所谓"有意义的事"有着不同的理解，但总体而言，有意义的事一般指的是那些正向的、能带来积极结果的事情。

生活中，只有那些拥有良好的自我认知、明确自我目标的人，才能找到对自己而言真正有意义的且喜欢的事。在做有意义的事的过程中，他们将外界的嘈杂、喧嚣都抛到脑后，始终专心致志，致力于将事情做得最好，而强烈的幸福感也贯穿始终。

在如今这个快节奏的时代，想要充实人生，增加生命的广度和厚度，就要努力发展自我意识，找到自己的目标，积极去做有意义的事，让自己的生活充满色彩，让自己前行的脚步踏实坚定。

心怀感恩

现实生活中，人们若想打败负面情绪，收获幸福，就要怀着一颗感恩的心面对世界。

那些心怀感恩的人，都能客观地看待自己与他人，他们对生活抱有极大的热情，目光也总是聚焦于生命中大大小小的美好，对周围的人和事都充满感恩，懂得善待自己和他人，这样的人也往往更容易获得幸福。

感恩，是一种积极的人生态度

站在心理学的角度，不同的心理学家对于感恩的内涵有着不同的理解，但存在这样一种共识：感恩，是一种积极的人生态度，能带给人更多的积极情绪和幸福的情感体验。

懂得感恩的人，是传递善念的人。他们受到他人的恩惠，心怀感激，并在感恩心理的驱动下无私地帮助他人、回馈社会，而这份善意的传递也使得人与人之间的关系变得更加美好、和谐。

> 吴庆自幼家境贫寒，依靠着社会热心人士的资助才读完高中和大学。对此，吴庆一直心怀感激，并立下志愿要回馈社会。大学毕业后，吴庆坚持抽出一部分工资去资助山区的贫困生上学。此后，随着他收入的增加，资助的贫困生人数也越来越多，他内心的幸福感越来越强，人生态度也变得越来越积极，每天都动力满满。

懂得感恩的人，周身都散发着正能量，正如案例中的吴庆，知恩图报带给他情绪和行动的良性循环，使得他的生活越来越顺利、美好。

唯有心怀感恩，才更容易发现生活中大大小小的善意与美好，才能提升我们追求幸福的能力。

心怀感恩，收获幸福

"羊有跪乳之恩，鸦有反哺之义。"感恩是对他人善意的回馈，不懂感恩，就失去了做人的基本修养。

我们要感恩父母，在他们的辛苦养育下，我们才得以长大成人；要感恩老师，是他们在我们心中播撒下一粒粒知识的种子，最终长成参天大树。

我们要感恩朋友，是他们一路陪伴我们前行，在我们伤心难过的时候为我们分忧解难。

我们更要感恩人生旅途中一切帮助过我们的人，是他们教会了我们如何向这个社会播撒爱的种子。

心怀感恩，你会发现周围的一切是如此靓丽、美好，每一个平凡的日子都让人感到温暖，都充满感动。

心怀感恩，幸福自来。当我们选择用感恩的心面对每一天，就能感知到生命的意义，长久地获得幸福。

第三章

积极的情绪与人格，
成就幸福人生

拥有积极的情绪与人格，对于人一生的发展都是极为重要的。积极的情绪可以让人们在困难面前始终保持向上的状态，不畏艰难，勇往直前；积极的人格会让人们在面对是与非的选择中始终保持清醒的头脑，做出最正确的决定。

　　可见，积极的情绪和人格不仅是一个人不断进步与走向成功的先决条件，也是一个人能否收获幸福人生的重要影响因素。所以，从此刻起，努力让自己成为一个拥有积极情绪与人格的人，为成就幸福人生奠基。

科学应对情绪，做情绪的主人

人的一生总会经历各种事情，有让人开心的事情，也有让人烦心的事情。当遇到一些烦心的事情时，很容易出现如愤怒、担忧、惊恐、悲伤等不好的情绪，进而整个身心被这些不良的情绪所控制。为了避免成为情绪的奴隶，就要学会科学地应对情绪，变被动为主动，成为情绪的主人。

客观认识情绪，把握自己的人生

情绪如影随形，不可避免，而我们需要做的就是客观地认识情绪，进而拥抱积极情绪，控制消极情绪。

关于情绪，虽然不同心理学家给出了不同的解释，但也存在以下两点共识：其一，情绪与个体认知、体验息息相关；其二，情绪与个体身体变化有直接或间接关联。

总体而言，情绪是个体的一种综合性的心理和生理状态，喜、怒、哀、乐、悲、恐、惊等是最常见的情绪。

情绪可以分为两种：积极情绪和消极情绪。对我们的行为有促进、助力作用的情绪就属于积极情绪，反之则属于消极情绪。

积极情绪主要包括热情、激动、放松、快乐、自豪、幸福、安心等。积极情绪对我们各个方面都有着良好的促进作用，它可以让我们集中注意力做事，提高活动效率；让我们的思维更开阔，从而激发出更多的热情和创造力；让我们保持乐观，对未来充满信心与希望，哪怕遇到困难也能迎难而上。

消极情绪主要包括悲伤、焦虑、紧张、恐惧、憎恨、痛苦、忧愁、愤怒等。消极情绪对我们的整个身心都有着负面影响，它会极大地限制我们的活动能力，降低活动效率；它往往会让人陷入精神内耗中，带给人无穷无尽的烦恼。持久的消极情绪会使人的大脑机能失调，严重影响人的身心健康。

生活中，那些能控制住情绪，保持积极情绪的人，往往更能收获幸福的人生，而无法控制情绪的人，生活也容易失控。

因此，我们要客观地认识情绪，努力摆脱负面情绪的控制，拥抱积极情绪，这样才能掌控自己的人生，拥抱幸福生活。

具体我们可以通过表 3-1 来测量一下自己的情绪状况。

表 3-1   情绪测试表

事项	选项		
	是	否	不确定
1. 了解触发自己情绪爆发的事件。			
2. 有了负面情绪后知道疏解它的方法。			
3. 能认识到自己的情绪发生了变化。			
4. 能发现其他人的情绪发生了变化。			
5. 会经常反思自己的情绪。			
6. 遇到不顺心的事会选择自己消化。			
7. 在情绪低落时能有意识地控制自己的言行而不被其他人察觉自己的负面情绪。			
8. 受到委屈后会找亲人或朋友倾诉，但不过分发牢骚。			
9. 不会被一时的坏情绪影响一整天。			
10. 做事情冷静，有耐心，不容易急躁。			
11. 听到反对意见第一反应是思考而不是感到反感和不悦。			
12. 即使会感到沮丧但事后也能保持平常心，坦然接受生活或工作中的失败和挫折。			
13. 遇到失败和挫折不会轻言放弃。			
14. 能静下心来做一件事，如阅读、画画、写字。			
15. 做事有责任心。			
16. 生活中的事情不会影响工作状态。			
17. 会观察别人，对同学、同事、亲友的脾性有所了解。			
18. 不太在意别人对自己的看法。			
19. 乐于或不排斥社交。			
20. 认为自己的人生始终充满希望。			

测试提示：

请根据自己的实际情况，在问题后面对应的选项下面的空格中画√

结果提示：

表中共20项，选"是"≥15次，说明你情绪积极，应保持；选"是"≤10次，说明你情绪消极，应调整。

积极情绪能给我们带来什么

积极情绪就是正向的、积极的、能让人感到精神振奋或提升人的主动性的情绪。积极情绪关乎我们的幸福，对我们的工作、生活十分重要，那么它到底能给我们带来什么呢？

首先，积极情绪能扩展我们的认知，帮助我们适应环境。拥有积极情绪的人，总能用更深邃、广阔的思维看待世界以及身边的人和事物，他们的目光长远，不局限于眼前的得失，所以，前行的脚步也走得更加坚定。相比一般人而言，拥有积极情绪的人能很好地适应周遭的环境，并能根据环境的变化去调整身心，保证自己能继续信心满满地生活下去。

其次，积极情绪能让我们无所畏惧地面对挑战，提高我们的幸福感。拥有积极情绪的人心理韧性强，能更好地为自己释压。哪怕身处逆境，他们也能坦然地面对一切困难，并始终保持愉快的心境。而这样的人也往往比一般人更容易从琐碎的生活中发现幸福、获得幸福。

最后，积极情绪拥有巨大的力量，它能帮助我们放下负担，活得更轻松，并在潜移默化中改善我们的人际关系，为我们的人生增值。

培养积极情绪，抵达幸福人生

培养积极情绪，是通向幸福人生的有效途径之一。那么，我们如何去提升积极情绪呢？这里就教你几种培养积极情绪的方式。

靠近那些积极乐观、正能量满满的人

吸引力法则告诉我们，我们是什么样的人，就可能吸引什么样的人，从那些我们常常接触的、与我们交好的人的言行举止中，常常能够看出我们自己的生活习性及面对生活的态度。正因如此，我们要主动靠近那些心态乐观、行动力强的人，在榜样的对照和影响下，改变自己的消极言行，让自己变得更好。当我们变得更优秀的时候，我们也能传递积极能量去感染、温暖身边的人。

转移注意力，让心情愉悦起来

当我们受到负面情绪困扰时，不妨转移注意力，做一些能让自己愉快的事情。比如，在舒缓的音乐中为自己冲泡一杯香浓的热饮，品尝一块可口的蛋糕，让身心得以放松；读一本自己喜欢的书，丰富知识的同时也提高自己的修养，等等。

另外，环境的变化往往能带来个体情绪的变化。当我们被负面情绪包围的时候，不妨尝试着先离开充满负面能量的环境，找一个气氛平和、轻松愉悦的地方平复情绪，及时转换心情。比如，去往宁静的图书馆、空气清新且风景如画的公园等，当我们沉浸在宁静、美好的氛围中，内心的负面情绪会一点点消散，整个人的精神状态都会变得焕然一新。

持续学习，化消极为动力

学习是一个丰富自我的过程，通过学习，我们不仅可以丰富知识，提高素养，还能恢复自信，化解负面情绪，成为一个乐观积极的人。

所以，要想培养积极情绪，不妨持续学习，每天进步一点点，每天心态好一些。比如，学习一项新运动、一门新语言、一种新乐器等，也可以是学习与你的生活、工作息息相关的专业技能。在学习的过程中，慢慢地，我们会变得越来越乐观、自信、行动力十足，并逐渐习惯用积极正面的心态去面对生活。

能够科学地应对情绪、掌控情绪的人，更容易获得幸福。我们要主动培养积极情绪，勇敢地去面对困难，精神饱满地度过每一天。

保持乐观，知足常乐

乐观是一种心理状态，是我们走向成功的重要前提之一，唯有保持乐观，我们才能以积极的心态面对生活和工作，对未来充满希望。知足，是获得幸福的秘诀。当我们可以保持乐观、知足常乐时，自然就拥有了幸福的人生。

乐观是通往幸福人生的重要阶梯

法国哲学家阿兰在《幸福散论》里曾提醒人们，要将乐观主义作为第一行动准则。乐观是通往幸福人生的重要阶梯，有乐观的心态相伴，我们会勇敢面对挫折，坚定前行的步伐，一步步奔向幸福。

乐观的人总是越挫越勇，无论生活多么艰难，都能管理好自己的情绪，用满满的正能量感染身边的人，这样的人更容易收获成功和幸福。郁愤悲观、喜欢抱怨的人会不断地给自己消极的心理暗示，他们总是缺乏行动力和坚持力，因此常常和幸福失之交臂。

培养积极的心态，乐观地面对生活，是我们人生中重要的课题之一。要保持乐观，首先要做到这样几点：

❤ 保持微笑

微笑是好运气的催化剂，能带来一天的好心情。尤其是在遭遇逆境的时候，更要保持微笑，用美好的笑容来化解内心的不安情绪，给自己鼓励和正向的引导。

微笑，能感染别人，也能温暖自己。所以，不妨用微笑来照亮自己的内心世界，积极向上地过好每一天。

❤ 每天给自己加油打气

当我们在遇到问题或深受负面情绪困扰时，要积极地给自己加油打气，告诉自己"其实你很优秀，只是需要多尝试一些、再坚持一下、多努力一点""风雨之后才会有彩虹""时间会冲淡一切"等。这种鼓励的话语能让自己重拾信心，并在保持乐观心态的同时奋发前行。

善于发现生活中的美

乐观的人之所以更容易获得幸福，很大程度上是因为他们往往心态平和且善于发现生活中的美。

因此，想要培养乐观心态，不妨适当地慢下脚步，仔细观察生活，用心感受那些细小的美好。当我们有意识地捡拾、珍惜那些美好时刻的时候，原本了无生趣的生活慢慢会变得充满生机、丰富多彩，而我们也会因此变得更有活力、更乐观积极。

懂得知足，才能收获幸福

"人生哪能多如意，万事只求半称心。"这句话将幸福的奥义隐晦地展现在世人面前——知足常乐。

生存于世，每个人都在追寻着幸福。有的人认为拥有权力和地位才是幸福；有的人认为拥有富足的物质条件才是幸福；有的人认为拥有圆满的爱情和婚姻才是幸福，等等。不管你追求的是什么，最终有没有达到你追求的目标，只要不学会知足，你就无法体会真正的幸福。

知足，是保持快乐、收获幸福的秘诀。知足的人，会对自己所拥有的一切分外珍惜，哪怕布衣蔬食、粗茶淡饭，也觉得自在温馨。他们安安稳稳地过着自己的生活，从不会斤斤计较于自己没有的东西，如果真的想要，就一步一个脚印，踏实去争取，努力去靠近。而不知足的人，却总是一边抱怨着自己的生活，一边眼红别人的成就，这样的人又如何能获得幸福呢？

想要达到知足常乐的人生状态，首先要杜绝攀比心。

喜欢攀比的人总是在拿自己和他人做比较，羡慕别人的工作更体面、房子更漂亮、婚姻更美满，久而久之，这份羡慕就变成了嫉妒，灼烧着自己的内心。如果我们总是拿自己没有的东西去跟别人拥有的东西相比，那么我们的情绪就会变得更加焦虑，也会变得永不知足。

因此，我们要杜绝攀比心，将目光更多地放在自己身上，适时排除内心多余的欲望与烦恼，淡然面对得失，如此才能守住自己的幸福。

我们要努力地活在当下，珍惜现在的一切。知足的人大多是活在当下的人，他们会努力做好手头的事，努力过好每一天，珍惜现在所拥有的一切，这样的人往往更容易品尝到幸福的滋味。

保持清醒，自尊自爱

在人生的旅途中，我们要时刻保持清醒的头脑，有条不紊地按照自己的想法做事，并充分地尊重自己、爱护自己，如此才能赢得别人的尊重与爱护，也才能收获幸福人生。

保持清醒，获得快乐与幸福

想要活得通透，过得顺心、幸福，就要时刻保持清醒的头脑，以帮助自己做出更正确的判断，采取更正确的行动，最终顺利实现目标。

在顺境中，我们要保持清醒，以免得意忘形。当人生一帆风顺时，我们很容易被安逸的环境蒙蔽双眼、困住脚步，而日益滋长的自傲心理和日益消散的上进心使我们越来越难以把握前行的方向，最终导致"触礁"的结局。学会在顺境中保持清醒的头脑和冷静的思考，才能让人生一路顺遂下去，使我们最终收获长远的幸福。

在逆境中，我们更要保持清醒，坚定方向。身处逆境时，想要改变霉运，走出困境，就要对当前的形势有清醒的认识，找到最恰当的解决办法，并且坚定信心，朝着正确的方向前进。

可见，无论身处何种境地，只有保持清醒的头脑，对自己的处境有更清晰的认识，才更有可能收获快乐与幸福。

做一个自尊自爱的人

要想得到他人的尊重与爱护，我们首先得做一个自尊自爱的人。

自尊自爱的人会充分地尊重自己，毕竟自尊是一个人生存于世最重要的条件之一。没有自尊的人往往无法坚定自己的信念和原则，无法脚步坚定地奔赴自己的未来。

自尊自爱的人懂得如何关爱自我。他们既能摆正自己的位置，又能充分认识到自己的价值，从不因他人的评论而质疑自己。

自尊自爱的人拥有更加广阔的精神世界，也更容易获得成功，拥有幸福的人生。正因如此，在追求幸福的路上，我们一定要学会自尊自爱。以下提供几点建议，帮助我们学会自尊自爱：

❤ 要自力更生

要成为自尊的人，应该在生活上做到自力更生。对待人生有科学的规划，并能依靠自己一步一步地达成目标，实现人生理想。遇到困难时，想办法自己解决。

❤ 要坚持底线

做人要有底线，知道什么是可以触碰的、什么是绝对不可以触碰的，心里必须有一个底线。比如，不嫌贫爱富，不投机取巧等。有底线的人不会轻易动摇，不会被不好的人或风气带偏，更具有人格魅力，更容易受到别人的尊重。

❤ 用正确的方式爱自己

我们只有爱自己，才会有被爱的资本，也才会拥有幸福的人生。然而，很多人爱自己的方式出了问题，比如，有的人爱自己的方式是纵容自己的懒惰，整日游手好闲，不愿意努力上进；有的人爱自己的方式是不断地满足自己的物欲，整日买买买，肆意铺张浪费。

用错误的方式爱自己，往往适得其反，最终令自己与幸福失之交臂。所谓正确地爱自己，是不断充实自己、提升自己，让自己变得更优秀；是为自己设定合理的目标，一步步靠近成功；是懂得拒绝诱惑，不在多余的物质欲望中迷失自己。

　　莉莉出生在一个贫寒的家庭，为了能早点赚钱，给父母减轻负担，她在 18 岁时就辍学外出打工。在工厂工作了三年多，莉莉经历了很多事情，也渐渐意识到，要想获得幸福的生活，必须不断地充实自己、丰富自己、提升自己。于是，莉莉白天在工厂里做工，晚上坚持挤出时间学习，为成人高考做准备。这期间，莉莉还考了驾照，让自己多掌握了一项技能。终于，莉莉如愿地参加了成人高考并取得了不错的成绩。几年之后，莉莉靠自己的努力不仅在学业上获得了不错的成绩，在事业上也有了很好的发展，生活也变得更加富足。

正因莉莉知道如何正确地爱自己，才会让自己变得越来越好，最终收获了幸福的人生。

独立思考，聆听内心的声音

一个拥有独立思考能力的人，就是可以独自用自己的大脑分析事情，不会被他人影响的人。在当今这个信息纷杂的时代，特别需要人们具有一定的独立思考的能力。只有这样，才能在遇到问题时保持理智的思考，聆听内心真实的声音，获得自己想要的人生。

独立思考的重要性

独立思考是一种洞察能力，使个体可以摆脱固定的思维习惯，通过观察与实践辨别事情的真伪，并且能产生独特的、正确的判断。

当我们有了独立思考的能力，我们就能看清自己，知道自己需要什么，不需要什么，该做什么，不该做什么；当我们有了独立思考的能力，我们就能看清他人，不会轻易地被他人的思想左右，更不会人云亦云；当我们有了独立思考的能力，我们看问题时会考虑全面，不被事物的表象迷惑，从而做出准确的判断。

有了独立思考的能力，我们就可以聆听内心的声音，坚定自己的信念，做自己，从而摆脱一切束缚，拥抱自由、快乐、幸福的人生。

如何成为一个有独立思考的能力的人

拥有独立思考的能力，我们才能把握自己的人生。那么，如何才能成为一个有独立思考的能力的人呢？

聆听自己的内心

想要成为一个能够独立思考的人，首先要聆听自己内心的声音，明确自己坚持的是什么，想要的是什么，只有心中有了信念，才不会人云亦云，才会在众多嘈杂的声音中依然能冷静思考，有自己的判断和选择。

减少对他人的依赖

想要成为一个有独立思考的能力的人，就要有独立的思想，能够独立地思考问题，减少对他人的依赖。

当遇到困难时或遭遇问题时，我们不要习惯性地等待他人帮助，不妨主动思考一下这个问题是如何发生的，会对我们产生什么影响以及要如何应对。当我们考虑清楚了一系列问题后，也就基本知道该如何解决了。遇到困难、问题正是我们锻炼独立思考的能力的绝佳机会，经过一次次的锻炼后，我们的独立思考的能力将大大提升。

小谢在思想上十分依赖父母，从小到大，一遇到问题，他就向父母寻求帮助，从不会主动思索问题的解决办法，也很少有自己的想法。参加工作后，小谢才意识到，自己因为缺乏独立思考的能力，所以总被领导忽视。比如，当小谢在会议上突然被领导点名，被要求说一说自己对某项工作的建议时，小谢总是傻笑着说："没有，都挺好。"这样的回答总令领导感到不悦，渐渐地在工作上就忽视了小谢。

小谢迫切地感到需要锻炼自己的独立思考的能力。于是，每次参会之前，小谢都会事先对近期的工作进行分析、总结，并努力思考一些好的意见或对策。在会上，小谢认真聆听领导的讲话，并且找机会提出自己的看法。久而久之，他的独立思考的能力得到了很大的提升，并因此受到了领导的青睐，工作越来越积极。

小谢之所以能感受到工作的快乐，得到领导的认可，就是因为他学会了独立思考。

多读书

读书可以开阔我们的眼界，充实我们的知识，让我们学到许多做人的道理。最重要的是，读书可以帮助我们成为一个有独立思考的能力的人。

通过读书，我们省去了许多去实践的时间，能够轻松地了解大千世界，积累丰富的知识，学会各种各样的道理。这样，当我们遇到问题时，我们就能通过从书本中学到的知识去科学地分析、判断，并找出更好的解决问题的办法。因此，如果我们觉得自己不具备独立思考的能力，那就试着多读书。

多旅行

所谓"读万卷书，行万里路"。旅行和读书一样，也能够帮助我们开阔眼界，增长见识，锻炼我们独立思考的能力。

在旅行中，我们会遇到各种各样的突发情况，这就需要我们开动脑筋、积极地去解决问题。尤其是在一个人的旅行中，我们必须独自规划所有的行程，遇到困难也只能独自去面对，在这样的锻炼中，我们独立思考的能力和解决问题的能力也变得越来越强。

保持经济独立

经济独立就是一个人在经济上可以自给自足，无需父母、亲友的帮衬。经济上不依赖别人，人格上也会更独立。只有做到了经济独立，才能自由地选择、追求想要的东西，掌控自己的人生。

经济独立，人格才能更独立

众所周知，基础打得越牢，才能攀得越高，行得越远。人生亦是如此，拥有了经济基础，保持经济独立，就能实现人格的独立，就能更好地设计自己的人生。

经济独立后，我们不再依靠父母和其他人，我们能按照自己的意愿来做自己想做的事情，来追寻自己想要的幸福。

此外，经济独立后，我们会变得更加自信。经济独立是对个人能力的认可，当我们的能力得到认可，并且以某种形式获得了一定的报酬，那么我们就会变得越来越自信。

如何才能保持经济独立

如何才能保持经济独立呢？想要成为经济独立的人，可以试着做到以下几点：

拥有持久、稳定的收入

持久、稳定的收入是经济独立的首要条件。只有有了持久、稳定的收入，才可能有所积累，进而积少成多。当然，这里的持久、稳定的收入指的是至少可以满足我们的日常基本开销并且有一定的结余。如果得到的收入只能保证我们的温饱，毫无剩余，那也很难去做其他事情，更难以实现经济独立。

拒绝过度消费

当收入刨去基本的生活开支，还有结余，我们可以适当地用结余的一部分去买一些自己想买的东西。但是，我们不能过度消费。过度消费会助长我们铺张浪费的不良习惯，也会给我们带来巨大的经济负担，使我们与幸福生活渐行渐远。

学会理财

学会理财也可以帮助我们实现经济独立。学会了理财，我们就多了一个增加资产的方式，可以改善我们未来的生活，也能更好地规划我们未来的人生，让我们积累的财富发挥出更大的价值。

想要做好理财规划，首先，我们要对自己的资产现状有着清晰地认识，任何时候都拒绝盲目投资；其次，我们要合理分配自己的资产，如一部分用来生活开支，一部分当成备用资金，其余部分存入银行或购买低风险的、前景光明的理财产品等；最后，我们要设置清晰的理财目标，如三年内完成怎样的财富积累，然后朝着目标一点点去努力。

保持"边界感"

"边界感"指的是不仅要与人保持距离，管理好自己，不对别人指手画脚，同时也要守住自己的边界，不被别人干涉。

作为一个心理成熟的人，我们在与人相处时一定要保持"边界感"，这样才能彼此独立，保持和谐、持久的关系。

缺乏"边界感"的人的几种表现

缺乏"边界感"的人，经常会因为没有替别人做好某件事而内疚，陷入深深的自责；反过来，也会因为拒绝别人的无理请求，而觉得愧疚或是不开心。

缺乏"边界感"的人，会将自己的意愿强加于人，一旦遭到反驳，会异常愤怒；反过来，当遭到别人的苛责时，不知道反抗，只会忍着，让自己极其委屈。

缺乏"边界感"的人，会习惯性地去讨好别人，哪怕需要放弃自己的利益，也要成全别人；反过来，会觉得别人对自己的好是理所应当的，一旦不被优待就会极其生气。

缺乏"边界感"的人，从来不会认可自己，而是等待别人对自己的评价，哪怕是恶意的评价，也会接受；反过来，会经常去评论别人，干扰别人，影响别人的独立判断。

总体而言，没有"边界感"的人，往往不太懂得尊重人，情商较低。因此，我们要懂得拒绝没有"边界感"的人，更不要成为没有"边界感"的人。

如何保持"边界感"

想要守住自己的幸福，不干涉他人的幸福，就一定要学会保持"边界感"。以下提供几种保持"边界感"的建议：

不要总以过来人的身份给别人提意见

人的境遇各不相同，所以我们不要总是以过来人的身份给别人提意见，否则就丧失了"边界感"。如果别人确实看起来思想过于单纯或有明显的错误，我们也不要直接给出建议，而是可以鼓励并适当地引导其自行分析，或者举一些有启发意义的例子供其参考，从而帮助其做出更合适的选择决定。

不要替他人做出选择

要保持"边界感"，就切忌替别人做选择。我们要懂得尊重别人，把自主权交给别人，不要一味左右别人的想法，强迫别人听我们的。

如果别人始终犹豫不决，并且急需我们的帮助，那我们不妨帮助其分析利弊，引导其预测不同选择可能带来的不同结果或需要承担的后果，最后由其自己做出选择。

学会拒绝别人

学会拒绝，也是拥有边界感的体现。面对别人不合理的要求，我们一定要学会拒绝，而不要勉强自己去接受，不要委屈自己来成全他人。

事实上，很多时候，当我们能够坚定地守住自己的原则和底线，学会勇敢地拒绝他人时，反而能为我们迎来尊重。而唯唯诺诺、始终不懂拒绝别人的人，很容易受到他人的轻视，也很难拥有舒适的人际关系。

保持"边界感"，既不去干涉别人，也防止别人干涉自己，坚持底线，做自己，才能收获属于自己的幸福。

不必刻意合群

合群就是我们能主动地融入集体之中，并且很享受与大家在一起的时光。合群会让我们在人群中很受欢迎，从而感到很快乐，而刻意合群虽然能让我们较快地融入群体中，却可能使我们的幸福感一点点流失。因此，我们可以合群，但千万不要刻意合群。

刻意合群反而会适得其反

当我们能在一个群体中找到归属感和安全感，我们将会无比幸福。但是，我们如果为了获得归属感和安全感而忽视了自己的感受，刻意讨好他人，忘记了自己的初衷，最终会迷失自己，让自己遗失幸福。

可以说，刻意迎合群体反而会适得其反。每个人都是独立的个体，需要独自去经历各种各样的事情，所以没必要因为害怕被孤立而努力去融入一个不适合自己的圈子。

丫丫本来是一个很内敛的女孩，为了能融入集体、被同事们喜欢，她只要见到女同事就夸人漂亮，见到男同事就说人帅气。丫丫这种刻意迎合大家的做法让同事们很尴尬，表面上不说，背后都在议论。久而久之，丫丫不仅没得到同事们的喜爱，反而被同事们敬而远之。

可见，虽然丫丫一直在努力地迎合大家，但也没能得到大家的认可与喜爱。其实，丫丫无须改变自己去讨好别人，而应该做自己，将更多的精力放在自己身上或其他更值得的事情上。

珍惜独处的时光

很多人出于各种原因强迫自己与不喜欢的人交际或者假装自己很合群，结果导致自己很不快乐。其实，独处并不可怕，也不可耻，反而是值得珍惜的。在独处时，我们可以静下心来思考问题，变得更有见解；我们能将更多的时间用在做自己感兴趣的事情上，提升创造力；我们可以让自己的内心趋于平静，思维更加清晰，自由自在，让身心得到充分的休息；我们可以专注于提升自己，让自己变得更加强大，不再依赖他人；我们更能感受自己的内心，追寻自己的快乐与幸福。

独立不是肆意妄为

独立是个体走向成熟的标志。每个成年人都要学会独立。肆意妄为是指一个人不顾一切地按照自己的想法胡作非为。显然，独立与肆意妄为是两码事。因此，我们可以很独立，但不可以肆意妄为。

独立的人更具魅力

独立的人更具魅力，独立的人可以很好地融入新的工作或生活中，有很强的适应能力；独立的人能轻松控制自己的情绪，远离不良情绪的困扰；独立的人有个性、有想法，并能按照自己的想法去做喜欢的事，追求想要的人生。

所以，我们要成为一个独立的人，努力经营自己的生活，不断地充实自己、提升自己，稳稳地把握住属于自己的幸福。

要做一个独立的人，但绝不能肆意妄为

我们要做一个独立的人，但绝不能肆意妄为。真正成熟、独立的人做事有原则、有底线，而肆意妄为的人做事随心所欲、不懂克制、不计后果，显然，我们要做前者，坚决避免成为后者。

很多人为了证明或是炫耀自己是个独立的人，经常会说一些毫无依据的话，做一些违背道德的事，结果给别人及自己都造成了巨大的困扰。独立并不意味着肆意妄为。实际上，一个人是否真的独立，除了要看他能否在脱离他人的帮助下自主思考、做事外，还得看他能否为自己的所作所为承担后果。

身为一个独立的人，就一定要对自己的人生负责，懂得约束自己的行为。如果自己的言行对别人造成了困扰，就一定要勇敢地承担后果，想办法弥补给别人造成的伤害，如此才是真正独立且有担当的人。

第四章
家庭是获得幸福的重要港湾

家是我们的栖身之地，是能带给我们爱和温暖的地方，也是我们获得幸福的港湾。因此，我们一定要经营好家庭，建立阳光健康的家庭关系，让家成为幸福的港湾。

阳光健康的家庭关系

家庭关系有很多种，如夫妻关系、亲子关系、兄弟姐妹关系等。如果一个家庭中的各个成员互相尊重、相互帮助、团结一心，那么这个家庭中的关系一定是阳光健康的。而阳光健康的家庭关系一定能缔造温馨幸福的家庭氛围。

尊重家人，允许他们有自己的空间

家人之间要互相尊重，允许彼此有自己的空间，这样才能营造轻松、自由的家庭氛围，让家充满爱。

夫妻之间要懂得给彼此留一定的空间，这样夫妻间的感情才得以持续保鲜。有的人因为缺乏安全感，常对另一半严加管束，恨不得掌握对方的一举一动，这样非但不能给感情上保险、保持婚姻的稳定，反而会使夫妻关系紧张。给另一半以信任，保留足够的私人空间，婚姻生活才会更加幸福。

父母与孩子之间也应相互尊重，给予彼此一定的空间。纪伯伦说："你的孩子，其实并非你的孩子。"意思是说，父母与子女都是独立的个体，双方在相互关爱、互相陪伴的同时应互相尊重，保持精神上的独立。

然而在生活中，有些父母总以"你还小，什么事都不懂，听我的没错"为借口，极力阻止或者要求孩子做一些事情，剥夺孩子的自主权，而有些子女也会以"你年纪大，思想太老旧，按照我的想法做才对"为由，干涉父母的生活，这都会令家庭关系变得紧张。事实上，不论是长辈还是晚辈，都要懂得尊重家人，允许家人有自己的空间。

关心家人，让爱在家庭中蔓延

想要让家庭关系更加阳光健康，我们就要懂得关心家人，让爱在家庭中蔓延。

我们要关心家人的身体健康，多陪家人一起运动，和家人一起强身健体，共同享受幸福的生活；我们要尽可能地满足家人的心理需求，在家人难过的时候陪伴在他们身边，为家人提供更多的情绪价值，让他们可以感受到我们的爱；我们要在家人遇到困难的时候尽可能地提供帮助，成为家人的依靠。

我们要懂得关心家人，要彼此照顾，从而让爱充满整个家庭。

理解家人，做他们坚强的后盾

阳光健康的家庭关系还源于家人之间能相互理解、相互支持。家人之间应该多一些理解，少一些埋怨；多一些支持，少一些训斥；多一些认同，少一些反对；多一些赞美，少一些责备，这样才能共建和谐、温馨、幸福的家庭。

家是传达爱的地方，家人之间应试着多去诉说爱、表达爱。有时，家人之间也会产生摩擦，明明是为对方好，却因为沟通不畅或互不理解而造成误解与伤害。因此，越是至亲，越要多多地站在对方的角度上思考问题，彼此包容，相互理解，做家人的坚强后盾。

原生家庭对你的影响

原生家庭是指子女没有结婚之前与父母生活在一起的家庭。原生家庭的好与坏会给我们带来巨大的影响，这种影响很可能会伴随一生。我们要努力摆脱原生家庭带来的负面影响，同时也要努力创建一个美好的家庭，让子女感受到来自家人的爱，从而能健康成长。

原生家庭给子女带来的影响

生长在温馨和睦的家庭中的人往往更加乐观、自信、勇敢，因为他们是被爱滋养长大的。他们对待家人会表现出尊重、关爱、孝顺，对待外人也会礼貌、友好。这些人一旦步入社会，也将会显示出更多的优势，会更容易在社会上立足并获得成功。

生长在不和睦、充满指责的原生家庭中的孩子往往会比较消极、自卑、胆怯、冷漠，因为他们从小缺少爱，所以在心理上都留下了巨大的阴影。对待家人，他们总是有距离感，显得很冷漠、傲慢，甚至会表现得很无礼。面对外人，他们会显得很孤傲，不知道如何与他人建立良好关系。在社会中，他们看待问题比较片面、狭隘，面对困难容易放弃，处理问题时或犹豫不决或十分武断。

很多人从原生家庭中汲取力量、温暖一生，另外一些人却不得不用一生的光阴去治愈童年。可见，原生家庭对子女的影响是巨大的，这种影响很可能会伴随其一生。

学会与原生家庭和解

原生家庭不是我们可以选择的。如果我们在原生家庭里受到了伤害，又不能断开与家人的联系，那不如试着和解。与原生家庭和解，一方面可以缓和我们与家人的关系；另一方面也能帮助我们彻底地放下过去，从心理上治愈自己。

试着理解父母，与父母和解

父母养育我们很不容易，不妨试着多理解他们，从父母的角度看待问题。俗话说，养儿方知父母心。也许当我们成为父母的时候，才会真正理解父母的不易，也才能明白他们当初的良苦用心。

或许是因为他们太急切地希望我们学业有成，才会时刻盯着我们的学习，不允许有半点松懈，让我们累得喘不过气；或许是因为他们想给我们创造更好的生活，才会忽视对我们的照顾与陪伴；也或许是因为他们希望我们平安健康长大，才会时时刻刻关注我们的一举一动，让我们感觉没有自由。

如果我们能多从父母的角度考虑问题，似乎很多他们曾经说过的话、做过的事，也慢慢变得可以接受了。

如果原生家庭给我们带来了一定的伤害，我们也不要一直生活在痛苦之中，要学会排解，慢慢释怀。

与自己和解，迎接新的生活

要想与原生家庭和解，除了要试着与父母和解，还应该试着与自己和解。过去的伤害无法弥补，与其沉溺在痛苦中终日自怨自艾，不如果断地与过去告别，积极创造新的生活，通过当下的努力去造就未来更优秀、更快乐的自己。

我们无法选择出生于什么样的家庭，却可以选择改变自己、努力拥抱想要的未来。只有当我们与自己和解时，才能真正地走出原生家庭的阴影，享受属于自己的人生。

创建好的原生家庭

我们除了要学会与自己的原生家庭和解，还要努力让下一代拥有好的原生家庭。

作为父母，我们要注意自己的言行举止，要成为孩子的榜样。比如，我们要孝敬长辈、呵护爱人、爱护子女、善待朋友，尽可能地在孩子面前树立一个好的形象，为孩子营造一个良好的家庭环境。

我们要多陪伴孩子，多与孩子交流，倾听孩子的心声，鼓励孩子做自己想做的事，支持孩子完成自己的小梦想等，为孩子营造温馨的家庭氛围。

父母的言行举止都会潜移默化地影响孩子，所以，我们一定要扮演好这个角色，给孩子创造一个好的家庭环境。

如何与长辈相处

长辈是家庭中的重要成员，他们劳碌一生，为家庭做出了重要的贡献。因此，我们要爱护家中的长辈，与他们和睦相处。与长辈相处好了，才能让整个家庭更加和睦与兴旺。

尊敬长辈，温和有礼

尊老敬老是中华民族的传统美德，也是一个家庭的良好家风。长辈对我们的家庭做出了无私的奉献，作为长大成人的子女，我们要懂得反哺，尊敬长辈，对待他们要温和有礼。

其一，不放肆。在长辈面前，我们千万不要放肆，不可想说什么就说什么，想做什么就做什么。长辈如果说了我们不爱听的话，我们也不要暴跳如雷，更不要针锋相对，要用礼貌的方式与长辈沟通。

其二，态度温和。在与长辈相处时，我们要态度温和，表示敬意。如果长辈因为年纪大，不小心做错了事，我们不要责怪他们，而要保持温和的态度，让他们感受到来自我们的尊敬与关爱。

其三，耐心。在与长辈相处时，保持耐心也可以体现出对他们的尊敬。当长辈与我们聊天或是需要我们的帮助时，我们不要觉得唠叨或麻烦，而要耐心地倾听或提供帮助。

其四，谦让。谦让不仅针对晚辈，也要针对长辈，尤其是曾经为了我们操劳了大半生的祖辈、父辈。比如，一起吃饭时，我们要懂得把好吃的谦让给他们；一起出门坐车时，我们要把更舒适的座位谦让给他们。

其五，关心。长辈年龄大了之后更容易感到孤独，所以要记得多关心他们，多抽时间陪伴他们。

尊敬长辈，对长辈有礼貌，是一个家庭幸福的重要标志。

小军的父亲性格很急，很容易因为一点小事而发脾气。但每次，小军都耐心应对，对待父亲十分尊敬、温和有礼。

有一天，小军正在上班，突然接到了父亲的电话。电话那头，父亲大声嚷嚷道："出门怎么不把门关好，要不是我最后出门，家就被盗空了！"听到父亲的责备后，小军并没有生气，而是温和地对父亲说："真抱歉，爸爸。我走得太急，确实没有注意查看。您别生气，我以后一定注意。"父亲听小军的态度不错，就没再说什么。下班之后，小军特意买了父亲爱吃的水果。见小军如此体贴，父亲很快就消了气。

正是因为小军尊敬长辈，能够与长辈良好相处，才减少了许多家庭矛盾，让家被爱和幸福笼罩。

善待长辈，给予长辈更多关怀

"百善孝为先。"孝亲敬老一直是我国的优良传统，我们应孝敬长辈、善待长辈，让长辈感受到家的温暖和幸福。

对待长辈，我们要保持耐心，让他们觉得自己在这个家始终都是不可缺少的。对待长辈，我们要充满爱意，多替老人着想，给他们一个幸福的晚年。

总之，我们除了要满足长辈在物质上的需求，更要尽量去迎合其精神上的需要，多陪长辈聊天，给予他们无微不至的关怀。

我们对待长辈的态度直接影响着我们的子女以后对待我们的态度。所以，不只为了家中的长辈，更是为了下一代、为了我们自己，我们应该善待长辈。

不做控制型父母

控制型父母就是指将自己的意愿强加在子女身上，想要控制孩子的身心的父母。在控制型父母身边长大的孩子，往往表现为缺乏安全感、胆怯、不自信、不够独立等。

所以，为了孩子的身心健康和未来的人生发展，也为了家庭和睦，我们应该尊重孩子，给孩子独立成长的空间，不做控制型父母。

控制型父母有多可怕

控制型父母会控制子女的一切，大到人生理想，小到一言一行。

控制型父母为了让子女完全按照自己的想法去做，会约束、吓唬，甚至谩骂孩子，只要能让孩子听自己的，他们会采取各种措施。

长期被父母控制的孩子容易变得胆小、自卑、懦弱，这会对他们将来的生活和工作产生很大的影响。比如，当遭遇困难时，这些孩子容易逃避；当自己的利益受到侵犯时，这些孩子可能会默默忍受，不去反抗。

另外，在控制型父母身边长大的孩子还容易出现逆反心理，较为情绪化。当遇到意见不统一的情况时，这些孩子可能会与父母争吵，甚至用极端的行为威胁父母，并故意远离父母。

小强的爸爸妈妈是典型的控制型父母。在小强出生前，小强的父母就规划好了小强的生活。

出生后的小强在父母的精心管教与安排下，顺利地完成了学业，并进入了理想的工作单位。如今的小强，在单位绝对是一个努力上进的优秀青年，在家庭中也是一个懂事孝顺的好儿子。

可是，小强有一个明显的问题，那就是凡事都离不开父母。正是因为这一点，小强接连错过了好几个很优秀的女孩，至今还是单身。这些女孩对小强的印象都是"不自信""做事犹豫不决""太听爸爸妈妈的话"。比如，在和女孩约会时，女孩让小强点菜，小强总是不知道选哪个好，因为在他家里这些事都是他爸妈说了算；当女孩问及将来打算在哪里买婚房时，小强也只说"那要问问我的爸爸妈妈"。女孩觉得小强特别没主见，也就不愿意与他交往。

小强之所以会变得如此没主见，和他控制型的父母有很大的关系。所以，我们要引以为戒，一定不要做控制型父母。

如何避免成为控制型父母

为了孩子的健康，更为了家庭的幸福，身为父母的我们一定要足够明智，避免成为控制型父母。如果不想成为控制型父母，可以试着做到以下几点：

与孩子保持地位平等

在一个家庭中，任何成员的地位都是平等的。父母不要总觉得自己一定是对的，要求孩子事事遵从自己的想法。父母要学会尊重孩子，让孩子感受到自己在这个家是有发言权和自主权的。孩子做错事需要道歉，父母做错事也得道歉。父母可以指出孩子的缺点，孩子也可以指出父母的缺点。久而久之，孩子也能变得更有主见、更自信。

多与孩子沟通

父母经常与孩子沟通可以拉近彼此的关系，加深对彼此的了解。通过沟通，双方都能表达自己的观点，并能继续商讨意见。

用心陪伴孩子，是对孩子最好的爱

陪伴是最长情的告白。如果父母能用心陪伴孩子，那么孩子也会无比快乐，会变得更自信、勇敢、乐观、坚定，从而在处理问题时也能更加积极。所以，父母不要总以工作忙为由拒绝陪伴孩子。

锻炼孩子的辨别能力

在平时生活中，父母要有意识地锻炼孩子辨别好坏的能力。等积累了一定的经验后，一旦遇到问题，孩子就会有自己的判断，并能做出正确的选择，而不必事事寻求父母的帮助。

试着放手

父母要摆正自己的心态，不要整天围着孩子转，而要随着孩子的长大渐渐放手。父母学不会放手，孩子就不可能真正长大。只有给予孩子足够的信任，鼓励孩子大胆地做自己想做的事情，孩子在经过锻炼后才会变得成熟、独立起来。

拒绝家庭暴力

为了家庭的幸福，我们必须拒绝家暴。拒绝家暴，一方面需要我们勇敢地对施暴者说"不"，努力摆脱施暴者给我们带来的身心伤害；另一方面需要我们包容、温柔、充满爱意地对待家人，遇到任何情况都不使用暴力。

家暴有多可怕

家暴是一个会令人感到不安的词语，因为一说到它，我们的脑海中就很容易浮现出令人胆颤和悲伤的场面。可以说，家暴对于一个家庭所带来的伤害是巨大的。

家暴对受害者带来的影响

家暴除了会给受害者带来肉体上的伤害，对其心灵也会造成巨大的创伤。

家暴会让受害者长时间处在焦虑、恐惧之中，会变得敏感、脆弱，如惊弓之鸟。

不管是肉体上的伤害还是精神上的折磨，都严重威胁着受害者的健康。

家暴对受害者家人的影响

目睹家暴的其他家人，心理上也会遭受折磨，从而容易变得敏感、懦弱、悲观、冷漠、极端、不爱社交等。

另外，因为家庭氛围不和谐，不懂得家人之间要如何相处，所以当自己成立家庭后，也容易变成一个只会用暴力解决问题的人。

家暴对施暴者自身带来的影响

家暴从表面上看只会对受害者及其家人造成影响，实际上对施暴者自身也有一定的影响：一方面，如果施暴者首次的施暴行为没有得到制止，那么很可能会发生第二次、第三次，甚至无数次，施暴者的心理将会变得越来越扭曲，越来越习惯于用暴力发泄情绪、解决问题，生活将从此偏离正常的轨道；另一方面，施暴者迟早会自尝恶果，遭受法律的制裁，一次施暴将可能要付出一生的代价去补救。

家暴对家庭带来的影响

一个家庭中如果充斥着暴力行为，就一定会影响家庭成员之间的感情，使得家人间终日弥漫着悲伤、愤怒、恐惧、怨恨的情绪，整个家也变得摇摇欲坠，迟早会遭遇破裂的结局。

如何判断自己是否正在遭受家庭暴力

很多人可能在家庭生活中认识不到自己正在遭受家庭暴力，暴力不仅仅包括身体暴力（如殴打），精神暴力（如习惯性的威胁、辱骂、刁难、干涉、猜疑，长期冷战、拒绝沟通等）也属于家庭暴力，精神暴力常常潜伏在受害者身边而被受害者忽视。

关于如何判断自己是否处于潜藏着暴力因素的环境中，可以参考以下暴力侵害评估表（表4-1），该表有助于你辨别自己是否正在遭遇暴力侵害以及遭受暴力侵害的程度。

表 4-1　暴力侵害评估表

测试提示：

请结合家庭实际情况与本表所列举事项的符合程度，在相对应的选项下面的空格中画√

事件	选项	
	是	否
1. 过度干涉你的生活，让你感到有被掌控的不愉快感。		
2. 经常对你冷嘲热讽。		
3. 不回应你的聊天、问话，电话不接、微信不回。		
4. 时常贬低你的工作能力或对家庭的贡献。		
5. 要求管理你的钱财，但支配时并不询问你的建议或意见。		
6. 经常性谩骂、恐吓。		
7. 在家庭大小事务上替你做决定，要求你只要服从就好。		
8. 经常贬低你的原生家庭，安排和掌控你的家人。		
9. 反复强调你的缺点，让你认为这个世界上只有他 / 她能容忍你，你离不开他 / 她。		
10. 说过威胁你的生命安全的话。		
11. 说过威胁你的亲人的生命安全的话。		
12. 用他 / 她的生命安全威胁你。		
13. 监视你。		
14. 殴打你。		
15. 和他 / 她在一起，会紧张、焦虑、没有安全感。		

测试评估：

根据本表选项，对受暴力侵害危险性的判断如下：选择"是"的次数≥6为"低危险"；选择"是"的次数在7—9为"中危险"；选择"是"的次数≥10为"高危险"。

注：本表部分内容参考了我国某法院婚姻家庭暴力案件危险性评估量表，内容有变动和调整。

当你发现自己正处于家庭暴力的环境中，或者自身正在遭受家庭暴力侵害时，请一定不要激怒对方，保护好自己和家人的安全，并想办法远离家庭暴力。

勇敢地反对家暴

当遭到家暴时，我们要做的不是忍受，也不是原谅，而是勇敢地反抗，让自己摆脱家暴。

寻求法律的帮助

家暴是法律所不允许的，当我们遭遇家暴时，首先要想到的就是寻求法律的保护。

我们要主动学习一些有关家暴的法律常识，一方面警示自己千万不要成为一个施暴者；另一方面告诉自己要勇敢反对家暴，学会用法律武器保护自己。

零容忍，绝不原谅

很多人觉得既然是一家人就该容忍家人的一切。其实，这种想法是错误的，尤其是对于有暴力倾向的人。家暴发生了第一次就一定会有第二次，所以我们千万不能纵容家暴。如果我们这次原谅了对方，就会导致对方得寸进尺，不停地向我们实施暴力。

结婚没多久，孟女士就遭受了家暴。事后，丈夫不停地道歉，孟女士一时心软，选择原谅了丈夫。孟女士以为，只要以后好好地爱丈夫，照顾好这个家，就一定会感动丈夫、改变丈夫。可没想到，孟女士的付出与隐忍换来的反而是变本加厉的伤害，她的丈夫只要一遇到不顺心的事就对她拳打脚踢。又一次被家暴后，孟女士终于想明白了，决定逃离这个家。于是，孟女士毅然决然地选择了离开。

当遭受家暴时，我们绝不能容忍对方的行为，要坚决抵制，为了自己以后的人生，一定要向家暴勇敢地说"不"。

预防家暴，营造温馨的家庭氛围

家暴带来的负面影响是巨大的。在家庭暴力发生前，我们也要积极地预防家暴，努力营造温馨的家庭氛围。

我们应尝试着从以下几点出发，去预防家暴：

第一，婚前深入了解对方。在组建家庭之前，我们要对另一半有深入了解，尤其要观察其是否有暴力倾向。如果在恋爱阶段就发现对方有暴力倾向，就要果断终止这段关系，避免日后遭受家暴。

第二，家人之间要互相信任，建立坚实的感情基础，在遇到问题时共同面对，做彼此的后盾。

第三，家人之间要相互理解，多为对方着想，互敬互爱，营造温馨的家庭氛围。遇到问题时，大家不是互相埋怨、指责，而是一起想办法解决。

第四，学会沟通。家人之间再亲密，若缺少及时有效的沟通也难免会发生种种矛盾。唯有学会沟通，才能促进家庭关系的和谐，营造温馨幸福的家庭氛围。

第五，有共同的目标。当家人有了一个共同的目标后，大家会为了早日实现这个目标而更团结，会放下许多自己的小情绪，顾全大局，共同奋斗。

总之，我们要拒绝家庭暴力，同时营造良好的家庭氛围，为建造幸福的家庭而努力。

第五章

在亲密关系中获得幸福感

友情和爱情，是我们情感生活的主要组成部分，也是获得幸福感的重要源泉。拥有温暖彼此的深厚友谊、浓烈炙热的甜蜜爱情，双方之间懂得理解、珍惜，做到包容彼此，我们便能一路欢歌笑语，从容奔赴幸福的远方。

真正的友情不需要捆绑

友情的本质是什么呢？是不是当彼此成为无话不谈的好朋友，就能够随意地干涉对方的生活呢？当然不是。无论多么亲密的友情，双方都需要保持一定的距离，在交往中相互成全、鼓励，而不是相互干扰。要知道失去了分寸感的友情，必然会在前行的道路上渐行渐远，成为陌路。

"捆绑式"的友情，并非真正的友情

生活中的每一个人，身边都会有朋友。有友情的相伴，我们才不会感到孤独无助。然而问题是，当一个自以为和你亲密无间的朋友，事事处处干涉你、介入你的私人空间，甚至以友情为借口，在情感上对你展开"勒索捆绑"，试问这样的友情是真正的友谊吗？

程浩和肖刚是发小，两人从不同的大学毕业后，机缘巧合，又在同一座城市工作。从小就要好的他们，相互之间的关系自然很亲密。工作之余，他们也经常聚会、谈心，程浩对这份友情非常珍视。

然而，慢慢地，程浩发现他们之间的友情变了味道。比如，有一段时间，程浩忙于工作，疏忽了和肖刚的联系。中间，肖刚给他打过一次电话，因为在开会，程浩简单说明情况后就匆匆挂掉了。

等他忙完工作，满怀喜悦地打电话给肖刚说想要聚一聚时，电话那头的肖刚却是一顿挖苦："你今天怎么突然想起我了？以为你早把我忘了呢！"

程浩赶忙解释，肖刚依旧不依不饶地讽刺道："不用解释，知道你是大忙人，没关系。我工作不忙，闲人一个，别打扰到你就好。"

面对肖刚的抱怨，程浩只得连连道歉，这才得到了肖刚的谅解。

但很快，又一件让程浩感到别扭的事情发生了。原来，肖刚接触了一个项目，和程浩单位相关，想要他出面帮忙说话。程浩诚恳地告诉肖刚，单位领导已经有了确定的意向，这个事情他真的无能为力。

肖刚听了后回应道："咱俩是什么关系？这点忙你都不肯帮吗？好了，算我看错了你。"说完头也不回地走了。事后，任凭程浩如何解释，肖刚依旧是一肚子怨气。

这件事情之后，程浩开始重新审视他们两人之间的友情，他逐渐发现，这是一种"捆绑式"的友谊，肖刚动不动以友情为"要挟"，导致他们之间的友谊变了味道。想通了这一点，程浩也就无意挽留了。

君子之交淡如水。从程浩与肖刚的案例中不难看出，真正的友情无须"捆绑"任何附加条件，不懂得体谅对方、尊重对方，建立在占有欲、干涉欲以及控制欲上的友情，都不是真正的友情。

真正的友情是什么？

在与朋友相处时，无论关系多么亲密，都要掌握好分寸感和距离感。换句话说，关系亲密，不代表可以打着友谊的旗号去进行情感勒索；彼此是好朋友，也不代表可以随意去控制对方。要知道，任何令人不舒服的友情关系，最终都会走向破裂。那么，真正的友情的判断标准是什么呢？

真正的友情，是相处时随意自然，彼此之间都毫无压力。作为朋友，他明白你的真实为人，也懂得你的真实性情，不会去做让你感觉为难的事情，所以，绝不会出现拿友情来"捆绑"你的情况。

真正的友情，不是建立在相互利用和利益交换的基础上的。正如一起欣赏高山流水的俞伯牙和钟子期一般，高山流水觅知音，是心灵和灵魂的高度契合。真正的友情是，无论在何时，无论面对何种艰难险阻，对方始终坚定地信任你、鼓励你、开导你、支持你。

真正的友情，是双方在一起时，会让彼此感到轻松快乐、自然愉悦。在对方面前，你可以袒露心扉，活出真正的自我，无须刻意地伪装，彼此之间不会因时间的流逝而淡忘，也不会因距离的遥远而陌生，更不会因身份地位的改变而疏远。

真正的友情，是彼此间相互欣赏、相互理解和相互认同。犹如战国时期赵国廉颇和蔺相如，惺惺相惜，上演一段"将相和"的千古佳话。真正的友情，清淡如一盏茶，甘醇又如芳香的美酒。正如三毛所说的那样："便如好茶，淡而不涩，清香但不扑鼻，缓缓飘来，似水长流。"

真正的好朋友，不会时刻把亲密的关系放在嘴上，但心里始终会明白对方的好，惺惺相惜，永远将这份友谊放在内心深处最为重要的位置上。

双向奔赴的感情才值得付出

在人的情感生活中，双方之间的感情联结，就好比一架天平。一方付出了真心，另一方也能够以真情回应，如此情感的天平才能维持一个平衡的状态。感情，唯有双向奔赴才更有意义。

感情，不是一个人单方面的付出

有人曾问：人际交往中，什么样的情感关系令人感觉舒服愉悦呢？

我赠你三月明媚的春光，你给予我四月芬芳的桃花，当你对人倾情付出时，对方也能以满腔的热情回应你，这样的情感关系才最令人欢畅。如果付出了真心，却不能换来对方的回应与珍惜，那么不妨就此放手。

晓楠是一个性格活泼开朗的姑娘。大二时，她喜欢上了一个男孩子，对方是学校篮球队的成员，高大的身材，帅气的面孔，娴熟的球技，宛如白马王子一般，一下子就让晓楠芳心暗许。

既然喜欢了，就要大胆地去追求，晓楠相信只要自己有炙热的情感付出，就一定能够赢得男孩爱的回应。

从此之后，篮球场边，晓楠的眼神总是伴随场上男孩运球的脚步，并为他欢呼喝彩。每当男孩打球累了，晓楠也总是不失时机地递上毛巾和饮用水。虽然男孩也接受了晓楠传递过来的暖暖情意，但他的眼神里却有一丝掩饰不住的高傲和冷漠。

"帅气的男孩子也许都这样，时间长了，感情深了，或许就会不一样了。"面对对方不冷不热的回应，晓楠这样在心里悄悄地安慰自己。

但现实并非晓楠想象的那样，当她把所有的热情都给了对方之后，换来的依旧是男孩的敷衍。对于晓楠大胆提出的想要发展恋爱关系的请求，男孩没肯定，也没直接否定，态度暧昧，这让晓楠的内心更加忐忑不安起来。她不明白的是，为什么自己一往情深地付出却迟迟不能打动对方呢？

有一次，晓楠生病了。躺在宿舍里休息的她，多么希望能够得到男孩的关心和问候，哪怕是一句话也好。然而，整整三天过去了，对方像是失踪了一般，没有一个消息和问候。

最后还是晓楠忍不住，给对方发去信息，简单说了自己的病情。很久之后，男孩才回信息，而且只回了简简单单的六个字：知道了，多休息！

看到信息的那一刻，晓楠十分心痛，至此她才明白，单向付出的感情，只是一场没有结果的"马拉松式"的追逐；唯有双方相互回应，彼此才能真正温暖相处，投入地去爱。

实际上，无论是友情还是爱情，都是双向流动的。任何一种亲密的关系想要长久地维持下去，必然是双方真心地付出，彼此心心相印，你待我以赤诚，我回你以真情。反过来，任何一方的不在意或是疏远冷落，都会让双方的关系产生裂痕。

双方奔赴，才不负相遇

法国女作家西蒙·波娃在《越洋情书》一书中写道："我渴望能见你一面，但请你记得……唯有你也想见我的时候，我们的见面才富有意义。"

事实也是如此，再亲密的关系，再适合的两个人，假如有一方不主动回应另一方的真情付出，那么再深厚的情意，也会悄悄地减弱乃至消散。

所以说，这世间所有的情感关系，长久保鲜的秘诀只有一个：同悲喜，共欢乐，相互付出，双方奔赴。友情如此，爱情也不例外。

西汉时期，大文学家司马相如在还未名动天下时，在成都富商卓王孙家中，遇到了让他一见倾心的女子卓文君。

明眸皓齿、眼如秋水的卓文君，此刻正待字闺中。两人相逢时，借着宴会的机会，司马相如以一曲《凤求凰》相赠，以表达他对卓文君的爱慕之情。

而在袅袅的琴声中，卓文君自然听出了爱情的味道，如痴如醉的她，也将一腔爱恋全部倾注在了司马相如的身上。

两人的爱情虽然不被父亲卓王孙看好，然而，相互爱慕的他们不顾世俗的阻挡，毅然双双携手来到临邛，以开酒铺维持生计。

在这里，卓文君放下大家闺秀的身段，当垆卖酒，和司马相如相依相偎，留下了一段"文君当垆"的千古爱情故事。

司马相如和卓文君的美好爱情故事告诉我们，在情感的世界里，唯有在不离不弃、相互爱慕、相互温暖、无怨无悔地双向奔赴中，才不负相遇，才值得全身心地付出。

惜我者，我倍加珍惜；弃我者，我果断舍弃。爱情也好，友情也罢，在情感的天平上，任何感情都不是卑微的，也无须小心翼翼地维护。只有彼此珍惜，努力向对方靠近，心中有爱，眼中有光，彼此间的情谊才会有结果；只有双向奔赴、全心地付出，彼此间的情谊才有它珍贵的意义。

拒绝恋爱脑，在爱情中做自己

爱情，是一种令人心醉的甜蜜的情感关系。坠入爱河的男男女女，愿意为了爱付出自己的一切，乃至将自我放到卑微的尘埃里也无怨无悔。然而，冷静地去思考，失去自我的爱情，真的幸福吗？

不要因恋爱脑迷失了自我

爱情，是这个世间最为美好的情感之一。在大多数人的眼中，既然爱上了对方，投入到一段轰轰烈烈的爱情中，那么就要全身心地付出，哪怕是忘掉了自我也在所不惜。然而，事实真的如此吗？其实不是。爱情，不仅仅是一种忘我的投入，它还需要保持一定的清醒和冷静。

我们不否认爱情中无私奉献、勇往直前的无畏精神，也不反对为了爱去做出一定的忍让和牺牲。然而，我们应保持清醒的是，爱情虽然如醇酒般醉人，但绝不能在爱的狂热中丢掉了自尊，变成恋爱脑。

韩颖就是恋爱脑女孩的典型代表。大学毕业后的韩颖，进入了一家条件不错的公司工作。年轻、漂亮的韩颖，身边自然不乏追求者。

然而，韩颖选择的恋爱对象，却令身边的同事大吃一惊。对方条件非常一般，为什么韩颖会和对方谈起恋爱呢？

面对众人的疑问，韩颖告诉大家，她和对方的缘分来自一场"英雄救美"的浪漫经历。有一次下班路上，过马路时，韩颖差点被拐弯过来的车辆撞到，危急时刻，一名男子冲了上来，一把拉住了韩颖，躲过了行驶的车辆，两人自此相识。从小就有英雄情结的韩颖，认为对方一定人品不错，是自己的"真命天子"。

同事听了，纷纷劝说韩颖，让她多观察一段时间再恋爱不迟，毕竟想要全面认识一个人，一两件事情还远远不够。

对于同事的建议，韩颖充耳不闻，固执地认定对方就是她生命中不能离弃的另一半，她愿意为男友付出一切。

自此，沉浸在爱河中的韩颖，变得全身心以男友为中心。对方工资不高，韩颖就毫无保留地将自己每个月的工资全部拿出来，供对方随意开销；不久后，男友嫌弃工作累，干脆辞掉工作，韩颖不仅不劝说，还包揽下男友的一切生活开支。

过了几个月，男友又说看中了一个创业项目，希望韩颖能够全力帮助他。韩颖听了格外高兴，将她工作以来为数不多的积蓄全部拿出来不说，还四处找亲朋好友借款。发展到最后，她还不顾周围人的劝解，执意辞掉公司报酬丰厚的工作，陪男友一起创业。

失去了工作，在和男友朝夕相处的过程中，韩颖渐渐地发现了对方身上的诸多缺点，比如缺乏意志力、心胸不够宽阔、遇事急躁没有耐心等，甚至还有一定的暴力倾向。不过，韩颖依旧在内心自欺欺人地安慰自我，也许时间长了，加上她在一旁规劝，对方会慢慢改正自身的缺点。

被恋爱冲昏头脑的韩颖，还是太理想化了。创业了一年多，一无所成的男友，竟然将公司剩下的财产席卷一空，和韩颖玩起了失踪。至此，韩颖才幡然悔悟，然而为时已晚。

案例中的韩颖，因为恋爱脑而变得盲目，即使男友缺点再多，她也试图说服自己忍受下去，期待着美好的爱情开花结果。然而，迷失了自我的她，尽管处处忍让宽容，但换来的却是男友无情的伤害。从韩颖身上，我们看到了典型"恋爱脑"下爱情的幻灭，丧失了应有的清醒与冷静，最终会因此伤痕累累。

每一份爱都不卑微，学会在爱情中做真正的自己

爱的长河中，需要双方都投入真挚的感情，爱情才会变得更浓烈、更持久。然而，当其中的一方因为爱而失去了自我，被恋爱脑所控制的时候，不仅会丧失自我原有的色彩，还会被对方轻视或无视，根本得不到有回应的爱。

每一份爱都不卑微，问题是，爱情中如何才能拒绝恋爱脑，做真正的自己呢？

♥ 不能无条件地付出、无底线地原谅

很多时候，爱一个人需要勇敢和主动，也需要一方做出一定的退步与忍让，不然两个人在一起，互不相让，势必矛盾冲突不断，很难让爱情修成正果。

但同时，无论是勇敢和主动，还是忍让和原谅，绝不能以牺牲自尊为代价，无条件地付出，无原则、无底线地原谅，否则最终伤害的只能是自己。

比如，一些恋爱中的男女，为了维持爱情的热度，也为了不失去对方，他们会放下自我，牺牲自尊，毫无保留地付出全部。有时即使发现了对方身上存在的很多缺点，或者是在对方明明犯了超越自我底线的错误时，依然自我欺骗，选择原谅对方。

他们付出了这么多，牺牲了这么多，是不是真的得到了爱情了

呢？当然没有。失去了自尊，无原则地原谅对方，本身就是一种不对
等的畸形爱情，从开始的那一刻，就已注定了双方难以长久。

明白了这些，恋爱中的我们，在投入爱河之前，就要给自己设立
一条不可逾越的底线：爱是相互的。一旦触碰了这条底线，就要果断
地选择转身离开，及时止损。

💜 懂得自爱和自立，不委屈自己

爱，需要自尊，更需要自爱和自立。好好地爱自己，才能更好地
去爱别人。

当两个人在一起的时候，也可以适当地接受对方的一些小礼物。
不过，一定要记住的是，自己想要买的东西，尽量自己去承担所需要
的花费；在双方相处中，保持应有的自尊、自重和自爱，在全身心爱
对方的同时，也应懂得去爱自己，不要让爱情变为一种失去自我的依
附关系。

自爱之外，还要力所能及地做到自立，不委屈自己。也就是说在
任何时候，都应让自我理智、自信起来，有独立的勇气和资本，有自
己的生活，有自我的追求，有一份赚钱的工作，有几个可以谈心的知
交好友；感觉不舒服的时候，也要敢于表达出来。我们看重爱情中的
另一半，但绝不会把他/她当作生活的全部。

真正的爱情是彼此治愈

生活中的我们，之所以渴望爱情，想要拥抱爱情，是因为想要从另一半身上，获得我们想要的温暖与幸福。所以，真正的爱情，是建立在相互理解和支持的基础上的彼此治愈，而不是相互伤害。

真正的爱，是什么呢？

爱情，是一个神圣的字眼，曾让无数人为之魂牵梦绕。然而，在现实生活中，每一个人从爱情的道路上走过，都有着各自不同的感悟。

有一些恋人相遇并在一起后，满眼都是对方的影子，相互拥有，也彼此滋养，在浪漫的情感天地里，将平平淡淡的岁月过成了彼此都幸福的样子。

但也有一些恋人，虽然最初因为爱走到了一起，但是随着距离的拉近，在柴米油盐的琐碎中抱怨不休、争吵不断，活成了彼此都讨厌的模样。

当理想中的爱情变得越来越糟时，人们失望之余便会产生疑惑：是不是从来就没有真正的爱情呢？如果有真爱的话，那么真正的爱又是什么呢？

真正的爱，是当遇到对方时，发自内心地欣赏与爱慕，从另一半的眼睛里，你可以看到另一个自己，那是彼此灵魂的高度契合。同时，随着相处时间的延长，你还会像一位探宝大师一样，不断地去探索、发现对方身上诸多与众不同的特质，在以后的余生中，这些值得你倾慕的特质，正是你们爱情长久保鲜的奥妙所在。

真正的爱，是相互珍惜，相互重视，彼此都把对方放在内心最为重要的位置上，相看两不厌。虽然携手前行的日子平凡而又普通，但因为有了另一半的存在，在爱的世界里，风雨雪雾也成了眼中浪漫的景色。

真正的爱，是能够让自己变得更好，而不是变得更糟。因为彼此真诚相爱，对未来会有美丽的憧憬，人生的发展也会有更为坚定的目标。

更为重要的是，真正的爱，对彼此都是一种良好的治愈。爱的滋养，像一道温暖和煦的阳光，将心灵照亮，内心世界是一片春光明媚、草长莺飞的美好。

真正的爱情，怎样治愈我们呢？

既然真正的爱情是彼此治愈，那么它能怎样治愈我们呢？

❤ 真正的爱情，可以治愈内心的自卑

静下心来想一想，我们是否有这样的感受？当两个人相爱时，来自另一半的赞美、欣赏和鼓励，会让我们摆脱以往内心的自卑，变得越来越自信。

显然，这一切都来自爱的神奇力量。另一半的爱，让我们觉得自己值得被爱，从对方眼里看到了自己的优点，得到了更多的肯定。

在这种鼓舞下，内心潜藏的伤痛和阴影，曾经经历的挫折和迷茫，都会在爱的滋养下一点点地被抚平、被消除，从而有勇气和力量去追求自己想要的生活。

❤ 真正的爱情，可以治愈内心的孤独和不安

世间每一个生命个体，在孤单时，内心都会缺乏安全感，即使一个人意志再坚强，也会有脆弱的时刻，内心深处也会渴望找到和自我灵魂契合的伴侣，渴望爱和被爱。

当遇到了真正的爱情时，在彼此喜欢的人面前，两颗相互依偎的心找到了共同的栖息地，内心会充满无限的喜悦与温暖，曾经的孤立

无援、彷徨无助都会一扫而空。

我们为什么能够从懦弱变得勇敢无畏呢？其中的原因在于，真正的爱情，让我们感到在以后的人生路途中，无论走多远，都有一个人在背后坚定地支持着自己，陪伴着自己。在孤立无助时，对方一个深情的拥抱，也足以让我们获得足够的安全感。这份底气，可以抵御一切孤独，可以让心安稳坦然。

真正的爱情，能够治愈我们面对未来时患得患失的心理隐忧

在日新月异的时代，面对未知的将来，很多人会因为对前路的种种不确定而变得忧心忡忡。

而当有了心仪的另一半时，顿觉山河有爱，人间值得。两个原本相互独立的个体，在彼此的鼓励下，为了更美好的明天共同去努力，一起工作，一起打拼，一起读书健身。每一个醒来的日子都无比值得期待，那种患得患失的担忧会消失得无影无踪。两个人会在真正的爱情包围下，向着充满希望的明天出发。

善良，但有锋芒

善良，是人们身上一种优良的品质，能给人以温暖，传递爱的关怀。但过于善良的人往往没有什么防备心，常会被那些别有用心的人利用。因此，保持善良但又不失锋芒，是自我保护的一种有效方式。

太过温顺和善良，会让自己伤痕累累

人际交往中，为了维护良好的人际关系，珍视友情的我们和人相处时，常常以善良相待。然而很多时候，我们的善良不仅没有换来对方善意的回应，反而成了被人任意拿捏的短处，最后不但失去了友情，还让自己满腹委屈无处诉说。

公司里，菁菁是大家眼中公认的"老好人"，做事认真勤快，还特别热心善良，谁工作上遇到困难需要帮忙时，菁菁总是来者不拒，忙前忙后地帮着对方将事情做好。

方芳和菁菁同在一个项目组，看到菁菁是一个热心肠的人，就开始利用起菁菁来。比如工作任务较多的时候，方芳就会找各种借口，不是身体不舒服，就是需要和男朋友约会，想方设法提前溜掉，未完成的工作，就拜托菁菁帮她一把。

有时面对方芳的请求，菁菁自己虽然也非常为难，不过看在两人关系不错的情分上，性情温顺的她不好意思拒绝，最后还是硬着头皮答应了下来。

有一次，方芳请菁菁帮忙修改一个项目文案，她自己却偷偷溜掉了，剩下菁菁一个人独自完成。哪知忙中出错，文案出现了一个小疏漏，客户发现后给退了回来，要求全面整改，公司也因此遭受了一些损失。

公司领导为此发了一顿脾气，将负责该项目的方芳找了过去。方芳却将责任一股脑地推给了菁菁，说是菁菁帮忙造成的结果。好心帮助方芳反而无端背了一个"黑锅"，这让菁菁伤心万分。

生活中像菁菁这样过于善良而受到伤害的例子比比皆是。这一类人往往拥有一副"热心肠"，却因为性情太过温顺，或者是过于软弱，和身边人相处时，总是时时处处为他人考虑，一味地去理解、包容别人，却时常让自己遭受无端的伤害，痛苦和委屈只能独自去承受。

由此可见，我们可以善良，但不能无原则、无底线地去迁就别人，应当在与人为善的同时，也要让自己有一定的棱角和锋芒，适当地照顾自我的情绪感受，做到善良有度。

从学会拒绝开始，让善良有锋芒

善良，也应当有一定的锋芒，不要一味地顾及他人的感受。

首先，从学会拒绝开始，做到善良有度。

真正的善良，不是没有节制地顺从，也绝不能让自己在委曲求全中承受痛苦，而应该懂得拒绝，适时展露善良的锋芒，让其他人明白你的底线在哪里。

生活中的林俊，为人豪爽仗义，热心助人，凡是身边的朋友向他张口求帮忙，他也几乎都是有求必应。

林俊有一个朋友，经常以各种名义向他借钱，虽然林俊手头也不宽裕，但每一次都尽量借给朋友。不过，令林俊苦恼的是，借给对方的钱，如果不主动讨要，对方根本不按约定的时间归还。即使讨要，对方还常以各种借口拖延，等到实在没有理由了，才不情不愿地将钱还给林俊。

有一次，对方以买车为借口，再次向林俊开口借钱。这一次，林俊手中确实没有多余的钱可借，再加上家里有亲人住院，需要一笔不小的费用，因此就委婉地表示让对方等一等。

谁知这位朋友当下便急了，以近乎命令的口吻对林俊说："我这里买车急用，不行的话，你向你身边的亲朋好友借一下，回头手头宽裕了，我会归还的。这点小忙你一定要帮。"

林俊听了，觉得又可气又可笑，看来以往是自己太善良了，才让对方无原则地"步步紧逼"。这一次，林俊也不再客气，直接一口回绝了对方的要求。事后不久，林俊发现这位朋友竟然将他的所有联系方式都拉黑了。

林俊不由感叹万分，他庆幸这一次的拒绝是正确的，那些眼中只有利益和利用关系的朋友，断了也好。

由林俊的例子可以看出，善良不能没有底线，和身边的朋友相处，在自身力所能及的情况下，虽然是能帮一把就不妨伸出援助之手，但是对于那些突破底线、提出无理要求的人，要敢于去拒绝对方，让善良有锋芒。

其次，人不犯我，我不犯人，懂得自我保护。

与人为善，是人际交往的重要法则，然而这并不代表我们软弱可欺。很多时候，太过温顺的我们，在他人眼中，就会成为一个可以任意欺凌或占便宜的"老实人"。

明白了这一点，在和身边的人和睦相处时，也应秉持"人不犯我，我不犯人"的原则，学会保护自我，不能任人宰割。

比如，对于生活中那些因为你性情善良而随意奚落、嘲讽你的人，或者利用完你之后还要不失时机地"踩"上几脚的人，我们真的没有必要太过善良，该拒绝时就拒绝，该远离时就远离，该反击时就反击，否则将会让对方得寸进尺、变本加厉。

学会及时止损

人生一世，难免会交错朋友、爱错人。实际上，如果真的错了，笑一笑及时回头，适时止损，便是海阔天空；千万不要执迷不悟，错上加错。要知道你的精力和时间都无比宝贵，敢于拿得起，也勇于放得下，没有必要浪费在错误的人或事情上。

远离身边那些损人利己的朋友

在朋友的交往上，古话说得好："近朱者赤，近墨者黑"，"行要好伴，居要好邻"。和正直善良的朋友相处，你也会积极阳光，昂扬向上；和情绪消极、心胸狭隘的人交往，你将变得喜怒无常，满腹牢骚。所以，在生活中遇到那些不值得交往的朋友时，要及时远离他们，立刻止损。

在单位，周康有着一个好人缘，再加上他能力出众，因此很快成了项目经理的热门人选。

大多数人都为周康能够有升职的机会而感到高兴，认为他如果能够坐在经理的位置上，可谓是名副其实。

在人选考察推荐时，单位里大多数人都对周康有着较高的评价，只有一个人向测评人员表达了自己的不满，甚至不惜诋毁周康，目的自然是阻止周康顺利升职。

当周康从同事口中得知对方对自己的评价内容时，感到有些惊讶。因为周康和对方的关系还相当不错，两人一个学校毕业，是比一般同事更亲近的朋友关系。平日里，对方无论是在工作还是生活上遇到什么难处，周康都会力所能及地去帮助对方，谁知在关键环节，这位所谓的朋友却做出了这种令人伤心的行为。

得知内情的其他同事，也纷纷为周康打抱不平，认为周康应该和他当面对质，澄清对方对自己的诋毁。

对此周康却一笑置之，回答说："既然认清了对方的真实面目，又何必自降身份，非要和对方较个真假高低呢？遇到这种人，及时止损，远离对方，才是正确的选择。"

"两弊相衡取其轻，两利相权取其重。"懂得趋利避害，才是及时止损的最高境界。有时候不撞南墙不回头，并非勇敢，反而是愚蠢的表现。所以，遇到那些爱纠缠、喜欢损人利己的人，像周康一样早早远离他们才是明智的选择。

变了质的爱情，要学会及时放下

友情上，我们要懂得及时止损的道理，趁早和对方划清界限；同样，对待爱情也是如此，当发现自己爱错了人，趁一切还来得及，还没有到无法收拾的地步，也请及时放下。

宋朝时期，女词人李清照文采飞扬，有着"千古第一才女"的美誉。

李清照的前半生，幸福美满，夫君赵明诚和她志同道合，琴瑟和鸣；"靖康之变"后，国破家亡，随着赵明诚的离世，李清照的人生陷入了惨淡的境地。

在李清照人生困顿之时，一名叫张汝舟的男子来到了她的身边，在对方的花言巧语下，她被骗了。

谁知婚后不久，张汝舟便露出了他的真实面目。他之所以接近李清照，是因为贪图李清照手中的金石文物，在得知她的财物早已散失后，不惜对李清照拳脚相向。

当李清照认清了对方的丑恶嘴脸后，为了能够从泥沼中脱身，她鼓起勇气，做出了在当时足以惊世骇俗的决定，主动和张汝舟离婚。

为摆脱张汝舟，李清照也遭受了无数流言蜚语，然而发现爱错了人的她，没有丝毫的犹豫，勇敢地抽身而去。显然，这种果断的放弃，才是对自己最好的救赎。

观察生活，很多处于恋爱、婚姻中的男男女女，当意识到爱情变了质之后，面对所爱非人，却不明白及时抽身止损的道理，心有不甘的他们，非要和自己较劲儿，然后用别人的错误来惩罚自己，乃至赔上了所有的幸福和未来，这又是何苦呢？

爱错了人，请适时放手，及时止损。纵然内心焦虑痛苦，也要勇敢地从痛苦的泥沼中解脱出来，像壁虎断尾求生那样，迎接自己的新生。

第六章

在学习与工作中提升自我，
寻觅幸福

除了可以从真挚的友情和甜蜜的爱情中获取幸福外，在学习和工作中，也能够寻觅到幸福。有明确的学习目标和动机，有远大的理想与追求，不断地充实自我、提升自我，这是一种幸福；有一份自己喜爱的工作，努力地投入其中，实现自我的人生价值，从中获得满满的成就感，也是一种难得的幸福。

明确学习动机，端正学习态度

　　努力学习，从学习中获得科学文化知识，我们会因充实而感到幸福。谈到学习，如何才能学有所获呢？显然，首先要明确学习动机，明白我们为什么而学，然后在目标的指引下培养认真的学习态度，勤奋刻苦，相信定能学有所成。

学习动机很关键

　　在人生发展上，目标具有重要的导向作用。有了明确的目标，我们才会有奋勇向前的无穷动力。具体到学习上也是如此，当我们投入学习中时，不妨先扪心自问：学习的目的和动机是什么呢？也就是为谁而学、为什么而学的问题。

从宏观的"大我"方面说，学习是为了增长才干，开阔眼界，使自己成长为社会的有用之才。当学习有了成效后，就要将理论和实践相结合，以自身所学去回报社会，为国家和民族的发展进步贡献绵薄之力。

正如北宋著名思想家张载所说的那样："为天地立心，为生民立命，为往圣继绝学，为万世开太平。"这是学习的宏大目标，也是古往今来无数学子奋发读书的精神动力和支撑。

从微观的"小我"方面说，读书学习，是为了提升个人的综合素养，修养个人的德行。孔子在《论语·述而》中这样讲道："德之不修，学之不讲，闻义不能徙，不善不能改，是吾忧也。"

由此出发，学习的一大动机，就是让德行得到很好的熏陶和培养，做到德才兼备。如果仅仅是为了学而学，个人的德行修养没有得到切实的提高，就会导致行为上的错乱，不能够去做正确的事，这样一来，所谓的学习，也就失去了它应有的意义。

具体到每一个个体，都应明确学习动机，并积极学习。通过持续不断的学习，在提升自我的基础上，去做更好的自己。同时，在承担家国责任、社会责任的同时，拥有一个好的工作岗位和美满幸福的个人生活，在充满希望的未来行稳致远。

此外，每个人都有惰性，只有不断明确和强化动机，才能提高学习自驱力。很多人对自己的学习动机认识不到位，往往对自己的学习动机评价过高或过低，即对自己的学习动机水平的认定要高于或低于实际水平。以下测试或许能帮助你更客观地评价自己的学习动机水平。

如果你认为自己学习动机较强，请结合表 6-1 开展测试；如果你认为自己学习动机较弱，请结合表 6-2 开展测试，也可以同时参与两个表的测试，以相互佐证。

表 6-1 学习动机自测表（A）

事项	选项	
测试提示： 请根据自己的真实情况，在问题后面对应的选项前的方框中画√。		
1. 会牢记自己的学习任务并主动进行学习，不需要他人提醒。	□是	□否
2. 对阅读感兴趣，能安静地阅读半小时甚至更长时间而不会觉得无聊。	□是	□否
3. 学习时，沉浸其中，不会觉得累。	□是	□否
4. 能轻松完成课内作业，不排斥课外作业。	□是	□否
5. 遇到难题，不厌烦、不沮丧、不焦虑。	□是	□否
6. 对学习充满自信，学习效率高，认为自己在同学或同事中处于中等偏上的水平。	□是	□否
7. 善于总结经验，每次学习都希望能达到事半功倍的效果。	□是	□否
8. 当学习持续保持在一个水平无法进步时，会烦恼、反思。	□是	□否
9. 认为学习是第一位的，如果没有完成作业会感到不安。	□是	□否
10. 为了保持良好的学习成绩，甘愿放弃自己的某项爱好或者娱乐而将心思完全放在学习上。	□是	□否
11. 喜欢阅读，认为阅读能让自己感到快乐、受益匪浅。	□是	□否
12. 不偏科。	□是	□否
13. 认为学习可以改变命运。	□是	□否
14. 会在做完作业和工作后才去做自己感兴趣的事情。	□是	□否
15. 能很好地分配自己的学习和娱乐时间。	□是	□否
16. 能结合自己的实际情况制订学习目标。	□是	□否
17. 大多数情况下能轻松完成学习目标。	□是	□否

续表

事项	选项	
18. 某段时间内，需要同时应对多个学习任务时，能以积极的心态应对，并会努力克服困难，以完成各个学习任务。	□是	□否
19. 有明确的学习理想，并清楚自己在各个阶段的任务和分目标。	□是	□否
20. 学习虽然辛苦，但乐在其中。	□是	□否
测试结果参考： 选"是"的次数越多，学习动机越强，反之越弱；选"是"的次数≥15者，具有较强的学习动机。		

表6-2　学习动机自测表（B）

测试提示： 请根据自己的真实情况，在问题后面对应的选项前的□中画√。		
事项	选项	
1. 经常忘记自己当天的学习或工作任务。	□是	□否
2. 不喜欢读书，一读书就犯困。	□是	□否
3. 学习一段时间后，就不自觉地想要休息、放松一下。	□是	□否
4. 不喜欢课内作业，提到课外作业就心烦。	□是	□否
5. 遇到难题就觉得自己不会，之后的题也不想再看。	□是	□否
6. 对学习不自信，认为学习成绩只要不倒数就还好。	□是	□否
7. 面对学习，常常毫无头绪。	□是	□否
8. 学习是一件痛苦的事情。	□是	□否
9. 不会因为学习任务没完成而担心，只要老师不检查、不批评，完不成也没关系。	□是	□否
10. 喜欢读课外书，远远胜过喜欢读学科类书籍。	□是	□否

续表

事项	选项	
11.抵触和排斥任何人问自己与学习有关的事。	□是	□否
12.偏科。	□是	□否
13.认为书本上的知识用处不大或自己根本用不上。	□是	□否
14.假期里，不到最后期限，不会主动完成学习任务。	□是	□否
15.总想着再放松一下，学习能拖则拖。	□是	□否
16.没有学习目标。	□是	□否
17.面对学习常常力不从心。	□是	□否
18.学习任务突然增多时，会不知所措，焦头烂额。	□是	□否
19.为自己制订过很多学习目标，但很难坚持，大多数目标都没有完成，以失败告终。	□是	□否
20.对自己的未来很迷茫。	□是	□否

测试结果参考：
选"否"的次数越多，学习动机越强，反之越弱；选"否"的次数 ≥ 15 者，具有较强的学习动机。

学习，端正态度是第一

一分耕耘，一分收获，一旦投入学习中去，端正的学习态度至关重要。正确的学习态度，能激发我们的学习兴趣，促使我们认真努力地学习，一步步向着远大的理想目标靠近；缺乏良好的学习态度，终将两手空空，学无所成。

那么，在具体的学习过程时，如何端正态度呢？

一是勤奋地学。"三更灯火五更鸡，正是男儿读书时。"在人生的黄金时期，要拿出刻苦勤奋的劲头儿去学习，因为不下苦功夫，想要取得好的学习效果是不现实的。

二是有积极进取的精神，立下远大的志向，用心地学。学习，要让自己有强烈的求知欲望，一旦投入，就要全力以赴，孜孜不倦，努力认真。

三是虚心地学，戒骄戒躁，沉稳踏实。俗语说："虚心使人进步，骄傲使人落后。"这句话富含哲理，放在学习上再恰当不过。在学习上要虚心，不能浅尝辄止，应当深入地去学，读透、学透。在生活中，有些人刚刚学到了一些皮毛就沾沾自喜、自高自大，这是极为错误的学习态度。

四是坚持不懈地学。坚持，是一种难能可贵的品格。"书山有路勤为径，学海无涯苦作舟。"面对学习中遇到的各种困难，绝不能半途而废，一定要以坚强的毅力和意志，持续不断、坚持不懈地学习下去。唯有如此，才能切实地从学习中获得大知识、大学问。

有追求才会有收获

人生本就是一个不断追求的过程，有追求才会有进步，有追求才会有收获。在追求的脚步中，攻克一个个阻碍我们前进的堡垒，不断实现人生的目标和自我价值，这样的人生，才最充实、最有意义。

人不能安于现状、不思进取

什么样的人生最可怕呢？不是一无所有，不是暂时处于人生的低谷，而是安于现状，不思进取。一时的迷茫和困惑并不可怕，只要有追求梦想和奋进的动力，一路前行一路收获，未来的人生仍会充满无限希望。

现在的很多人，包括学生，越来越依赖手机，无论是走路、坐车，还是吃饭，眼睛都时刻盯着手机，甚至睡觉前，目光都舍不得从手机屏幕前移开，一旦手机断电或接收不到网络信号，就会变得魂不守舍、焦虑不安。

可以说，对手机的依赖已经严重影响了人们的身心健康。对手机依赖成瘾的人会长时间沉浸在手机中，这会扰乱他们正常的生活作息，并可能导致睡眠障碍，进而影响身体健康。一旦身体健康出现问题，心理问题会接踵而至，如出现焦虑、抑郁等问题。

同时，毫无节制地玩手机会使人的逻辑判断力和思维反应能力下降，会使人变得不愿社交或不喜欢尝试新鲜事物，这将大大影响人的正常社会交往，增加人内心的孤独感。

更有甚者，对手机依赖成瘾的人乐于享受玩手机的片刻愉悦，安于现状，丧失了积极进取的动力。而学生受此影响更为明显，对手机的依赖渐渐蚕食着学生的身心，他们变得不思进取，没有梦想，没有追求，丢失了学生应有的积极向上的精神状态。

由此可见，对手机依赖成瘾，对人们的身心健康影响是很大的。而要想改变这种状态，可以尝试以下两种方法：

首先，转移注意力，培养其他的兴趣爱好。比如，参加一些有趣的户外运动，如跑步、登山、野营、摄影、写生等，在大自然中探寻野趣，放松身心，逐渐远离手机的负面影响。对于学生而言，可以多参加社团活动，学习不同的知识、技能，以此开阔视野，增长能力，丰富生活，减少对手机的依赖。

其次，循序渐进，慢慢减少玩手机的时间。手机上瘾是很难一下子戒除的，不妨给自己一定的戒断时间。比如，今天比昨天少玩一小时，明天再比今天少玩一小时，循序渐进，慢慢脱离手机的控制。

除此之外，生活中还有这样一部分人，他们在取得了一点小小的成就后，或者是遇到了困难、挫折，就开始停下追求的脚步，安于现状，在浑浑噩噩、碌碌无为中度过余生。

一个人一旦失去了前行的动力，他的人生也就只能止步于此了。因为不思进取，只会在社会发展的潮流中被无情地淘汰。

因此，在任何时候，我们都不能安于现状。即使是已经有所成就，也依然要保持努力奋进的姿态，并不断保持积极进取的拼搏劲头，一路奋勇攀登，这样才能收获最美的人生。

人生因追求而精彩

"天行健，君子以自强不息。"生活中，每一个有所追求的人，都会一往无前地阔步前行，朝着自己想要的目标努力奋斗。在追求的过程中，他们让理想绽放出夺目的光芒，也让梦想照进了现实，还让人生的自我价值得到了最大的体现。

三国时期，一代名将邓艾出身低微，青年时期在魏国仅仅担任一个看守粮草的小官职。

虽然如此，邓艾却从未停止过追求人生理想的脚步。闲暇之余，随魏军每到一处，他都认真地观察当地的地形地势，将兵书上的理论和实践相结合，做到学以致用。

身边的人看到邓艾这样做，纷纷嘲笑他太过痴迂了，领兵打仗、成为叱咤风云的大将军，又怎么能是邓艾这种卑微的小人物所能做到的呢？

然而，对于这些流言蜚语，邓艾始终不为所动，依旧向着心中的梦想努力前进。终于，功夫不负有心人，满腔抱负、学有所成的他，被司马懿看中，在司马懿的赏识、重用下，邓艾很快成长为名震三国的大将，在攻灭蜀国的战斗中，达到了他人生的巅峰。

这个故事告诉我们，有追求才会有无穷无尽的收获，不停地奔跑才能更有力量，只有心怀梦想，专心追逐梦想，才能顺利登临胜利的彼岸。换言之，有什么样的追求，就会有相应的收获，人生因追求而精彩，因追求而充满积极的意义。

如果我们想要收获成功，就要从当下做起，发奋学习，勤奋工作；想要收获幸福，拥有美好的人生，也应扬帆起航，劈波斩浪，不停下前进的脚步。

终身学习，跟上时代的脚步

当今社会，信息科学技术的发展日新月异，知识不断更新和迭代，各项新事物如雨后春笋一般应运而生。今天学到的知识，也许到了明天，就已经落伍于这个时代的发展了。所以，我们每一个人都要保持终身学习的理念和习惯，这样才能提升自己，跟上时代前进的步伐。

故步自封、抱残守缺要不得

学习，是我们摆脱愚昧、增长才干、提升实践工作能力的重要方式。对于生活中的每一个人来说，没有人是生而知之的，大家都是通过后天的勤奋学习，才拥有了出众的才华和技能，最终成为一个能够为社会发展贡献才智的有用之才。

在实际生活中，人们需要不断地学习，才能持续地吸收各种各样的科学文化知识，始终与时代的发展同频共振。如果抱着故步自封、抱残守缺的思想，不加以勤奋学习，势必会陷入思维僵化、知识架构陈旧的状态中，进而被快速发展的社会所淘汰。

一则寓言故事非常能说明这个道理：

草地上，一只乌龟在缓慢地爬行着。它爬呀爬，爬了半天，也没爬出多远。

这时一只可爱的小鹿蹦蹦跳跳地来到了乌龟的面前。它看到乌龟爬行缓慢费力的样子，就好心地提议说："乌龟大哥，你这样爬行的速度太慢了，遇到了危险怎么办呢？我觉得你应该再多努力一点，比如可以向我学习快速飞奔的技能。"

乌龟听了，不紧不慢地回答说："为什么要向你学习呢？我一直就是这样行走的，慢慢走舒舒服服，我才不愿学习新的技能呢！"

小鹿继续劝说道："乌龟大哥，你说的那些都是老黄历了，你怎么能故步自封呢？如果你再不好好学习的话，恐怕要被大自然淘汰了。"

乌龟丝毫没有把小鹿的劝诫当回事，在它看来，有爬行的本领就足够了，至于如何进一步学习加快行走速度的本领，它没有任何的兴趣。但是还没等它回复小鹿，天空中突然飞来一只老鹰，小鹿见状，飞快地跑掉了，剩下慢吞吞的乌龟，成为老鹰的盘中餐。

当今时代，科学技术正处于一个飞速发展的阶段，知识更新的周期也大大缩短，我们唯有持续不断地学习，才能让自己拥有应对各种风险与挑战的能力，跟上时代发展的步伐。

活到老，学到老，保持终身学习的好习惯

"书到用时方恨少。"这就需要我们明白终身学习的重要性和迫切性，只有将学习作为一种伴随终生的习惯，活到老，学到老，才能够保持思维的活跃性和创新性，才能不断地提升业务技能与水平，跟上时代发展的脚步，从容应对激烈的社会竞争与挑战。

儒家学派的创始人孔子，就是一个爱学、好学、活到老、学到老的光辉典范。作为春秋时代的一代宗师，孔子一生都保持着旺盛的学习精力。

比如，为了学习音乐，孔子向当时的音乐泰斗师襄子请教；为了了解周礼，他又跑到周朝的都城洛邑向老子求教。广泛而持续深入地学习，才成就了孔子多闻博学的崇高地位。

有一次，一个叫叶公的人，向孔子的弟子子路打探子路

眼中的孔子是一个什么样的形象。

子路一时之间回答不上来，孔子听说后，对子路说："女奚不曰，其为人也，发愤忘食，乐以忘忧，不知老之将至云尔。"孔子告诉子路，我学习起来，就会忘记了吃饭，忘记了忧愁，孜孜不倦，最后学习到连头发白了也不知道啊！

在这里，孔子对自己的评价非常到位，好学的他，将学习当作持续终身的事情。他的这种废寝忘食、活到老、学到老的精神，不正是值得我们学习的对象吗？

在《师旷论学》中，有这样一句话振聋发聩："少而好学，如日出之阳；壮而好学，如日中之光；老而好学，如炳烛之明。"在新时代背景下，我们想要全面地提高自我、完善自我，就要终身学习。

将热爱注入工作

工作是生活的主要组成部分，也是维系我们生存的重要基础。然而，我们工作不能单单为了生存，更为关键的是，要能够从工作中获得幸福感。无论从事哪一种行业，立足哪一个工作岗位，热爱是前提，有了发自内心的热爱，就会有拼搏奋斗的无限热情，幸福感也将不请自来。

生存VS热爱

对于大多数成年人来说，工作是生活的重要内容。生命中将近一半的时间，都是在忙忙碌碌的工作中度过。

在一部分人的眼中，工作不过是谋生的一种手段而已，为了生存，只能按部就班、日复一日地操劳。

抱着这种心态的人，对待本职工作的态度自然是敷衍应付、消极怠工。他们总是这山望着那山高，羡慕别人的舒适和悠闲，抱怨自身疲于奔命的辛劳。

实际上，社会中各行各业的人士，都有各自的辛酸与付出。例如，科学家需要呕心沥血地专注于项目研发；教师需要像勤劳的园丁一样，用爱心去浇灌祖国的"花朵"；医生需要认真负责，以极大的耐心对待每一位患者，履行他们"救死扶伤"的岗位职责；军人需要冒着生命危险，戍守边疆，用血肉之躯铸就维护国家和民族安全的"钢铁长城"。诸如此类，有哪一份职业不辛苦呢？

然而，我们仔细观察会进一步看到，为什么有人在普通平凡的工作岗位上能够始终如一地做到兢兢业业呢？又为何他们能够在默默无闻的坚守下，做出不平凡的业绩呢？

显然，其中的关键，就在于对待工作的态度上。能不能积极地投入工作，是否将热爱注入工作之中，所得到的结果自然有着云泥之别。当对工作充满热爱，满怀热情地投入其中，那么你当下的工作就有了蓬勃的生命力，且富有积极的意义，生活也将因此充满喜悦与幸福。

所以说，在日常工作中，当你的信念从生存转变为热爱，脚踏实地、勤勤恳恳地投入其中，你会觉得每一份职业都值得，每一个岗位都有其存在的意义，热爱会让你变得充实，未来也因此蕴含着无穷的希望，工作中收获的幸福感也将令你倍感欣慰。

将热爱注入日常工作中，用奉献诠释价值

有思想的人，会经常追问自己的内心：人生存在的意义是什么呢？如何才能够创造价值和实现自我价值呢？幸福感又从何而来？

其实，所有的答案都在"满腔热情"四个字上面。无论是生活还是工作，都应该以热忱之心投入其中，去走近它、拥抱它，在富含信念和理想的希望中，在努力拼搏奋斗的征程里，用奉献诠释价值，用双手创造出属于自我的幸福生活。

明代著名药物学家李时珍，胸怀理想，热爱中医事业，为了造福后世，编写出一部新的本草书籍，即便已经步入中年，依然不辞辛劳，足迹踏遍全国各地。

每到一处，他都用心收集各类药物标本和处方，并结合以往医药学书籍上的记载，一一核对勘误，"考古证今、穷究物理"，前后历经将近三十个春秋，终于编撰出了一部多达百余万字的皇皇巨著《本草纲目》，为中国中医药学的发展贡献了毕生的力量。

试想，李时珍为什么能经受寒霜酷暑，忍受住孤独与寂寞？原因就在于"热爱"两个字上。

比李时珍稍晚一些的明代地理学家徐霞客，少年时期就无比热爱地经图志方面的学问，早早就立下了"大丈夫当朝碧海而暮苍梧"的远大志向。

为此，从青年时期开始，徐霞客就开始了他旅行考察的

征途。在长达三十多年的时间里，他凭借一腔热忱，"达人所之未达，探人所之未知"，足迹遍及大半个中国，尝尽了旅途的艰辛，不辞辛苦地记录观察，最终写下了《徐霞客游记》这一地理学著作。

从李时珍、徐霞客的人生经历中可以看出，一个人的理想和他所能取得的成就之间，就间隔着"热爱"两个字，将热爱注入工作中，就犹如在人生奋进旅途中为自己点燃了一盏明灯，只要全力以赴，时间就一定会给你最好的答案。

在工作中挖掘潜能，超越自我

从生命的发展历程来看，人生就是一个不断超越自我的过程，在激发自我潜力的基础上，一步一个台阶，最终攀登到成功的顶峰。在实际工作中也是如此，无论遇到多少难题与挫折，都应当奋勇前进，努力让自己成为一个出类拔萃的人。

为什么我们的潜能被禁锢了

生活中有一些拥有"最强大脑"的人，他们中的佼佼者能够在短短的八秒钟时间内记忆 272 张扑克牌，数字开平方心算的速度和计算机也相差无几。人类身上蕴藏的无限潜能，在他们身上得到了最好的体现。

事实上，每一个人身上都蕴藏有无限的潜能，正如人们常说的那样，不逼自己一把，你都不知道自己有多优秀。将潜能激发出来，目标明确，不断向前，你将能轻松地挑战自我，超越平凡的目标，成就属于自我的辉煌。

然而在另一方面，很多时候，我们身上的潜能都得不到充分的施展，这到底是为什么呢？

著名的跳蚤实验很好地说明了这一问题。

跳蚤是生物界的"跳高冠军"，潜能无限。有人就找来跳蚤，将其放在一个玻璃瓶中，前几次，跳蚤都能轻松地从瓶中跳出。

随后，实验者改变策略，在玻璃瓶上加上了盖子，这样跳蚤跳起来后，身体会和玻璃盖相撞，几次之后，遭受挫折的跳蚤就"聪明"地降低了跳跃的高度，确保自己不再撞击到玻璃盖上。

等跳蚤适应了新的跳跃高度后，实验者拿掉了玻璃盖，这时跳蚤却始终在玻璃盖的高度下跳跃，再也不敢"越雷池一步"。

跳蚤实验告诉我们，潜能得不到充分发挥，原因就在于我们人为地给自己设置了一个"心理高度"，认为自己这也不行，那也不可取，在这种心态下，注定只能拥有平淡无奇的一生。

学会挖掘自己的潜能

因为巍峨的高山，我们学会了奋勇攀登；因为长长的道路，我们学会了一路飞奔；因为璀璨的星空，我们生出了探索宇宙奥妙的雄心……

每个人的身上，都蕴藏着无限的潜能，工作中要学会挖掘自己潜在的能力，才能让自己更为优秀。

❤ 担当敢为，拥有强烈的责任心

工作中敢作敢当，勇于承担责任，会让人生出强烈的使命感，对待属于自己职责范围内的事情，会竭尽全力、尽善尽美地做好。

因为有担当敢为的奋进精神，即使遇到棘手的难题，也会想方设法将其完美解决。在这种积极进取的工作状态下，个人的潜能会被最大限度激发出来，一步步让自我变得越来越优秀。

❤ 树立远大的目标

目标是磁石，是憧憬，是希望，具有强大的吸引力和导向作用。工作中的我们，不仅要树立远大的目标，还要把工作标准适当定高一点，以高标准来严格要求自我，让目标具有挑战性。

如此一来，就会倒逼我们去深入思考各种对策，并付诸行动。在力争上游、追求卓越、精益求精的过程中，蕴藏在体内的潜能就会被一步步激发出来。

不怕失败，勇于尝试，持之以恒

勇于尝试，无非有两个结果：一个是尝试失败，另一个是找到了一条通往成功的路径。失败了不可怕，从头再来即可，但如果缺乏勇于尝试的胆量，那么连成功的机会都没有。

所以，工作中那些敢于尝试的人，在摸索的过程中，会全方位地调动自身的潜能，将不可能变为可能，为即将到来的成功全力以赴。

在尝试之外，还要拥有坚持不懈的意志力。强大的意志力，会激发我们永不言弃的巨大潜能，在困难面前无所畏惧，怀揣"咬定青山不放松"的坚强信念，攻坚克难，让自己成为一个卓越的人。

幸福的人生需要金钱做支撑

什么是幸福的人生呢？拥有充足的物质生活和富足的精神世界，不为生活所困，也无须为一日三餐奔波，所有这些，足以称得上是幸福的人生了。我们从中可以发现，幸福的人生也是离不开金钱的支撑的。

金钱，是优裕物质生活的重要基石

提到金钱，很多人会讳莫如深，大有"谈钱色变"的架势。因为在这些人眼中，虽然金钱非常重要，但是谈到钱，会给人一种庸俗的感觉，所以即使内心承认金钱对个人的生活有着重要的作用，也依然会把"视金钱为粪土"这话挂在嘴边，试图证明自己是一个不贪恋钱财的"谦谦君子"。

实际上，大可不必如此，因为自从人类文明诞生以来，作为物与物之间的等价交换物，金钱已经深深地融入了人们日常生活中的各个方面，成了维系社会经济正常运转所不可或缺的存在。正所谓"一分钱难倒英雄汉"，谈钱并不庸俗，只要秉持儒家所说的"君子爱财，取之有道"的理念即可。

具体到现实生活，金钱对于每一个个体来说，其重要性不言而喻。我们的衣食住行等都需要金钱作为必要的支撑。也可以说，金钱，是人类社会物质文明得以延续的重要基础。

在对待金钱的态度上，我们要客观，在一定程度上，金钱是自我价值的重要体现。通过一定的体力或智力劳动，换取相应的物质报酬，不仅可以充分证明自身的价值，同时也是人们获得高品质幸福生活的关键所在。

可以说，对金钱和财富的正当追求，是实现优裕物质生活、享受幸福人生的重要源泉。

金钱，能让人的精神世界更加充实

必要的金钱，不仅让人们的物质生活更为富足，同时也能够使人们的精神世界变得充实起来。美好的物质生活，加上充实的精神世界，或者说，物质和精神两个层面的双重满足，能够全面地构建出我们幸福美满的人生，使我们由此得以拥有真正的快乐。

洛克菲勒，在美国有着"石油大王"的称号。他通过多年的努力经营和耕耘，创建了一个庞大的"石油帝国"，在经年的积累下，也拥有了巨额的财富。

在实现了财富自由，有了优裕的物质生活之后，洛克菲勒感觉在精神层面还缺少点什么，并为此增添了几许焦虑。

在很长的一段时间里，洛克菲勒都在苦苦思索着一个问题：如何充分利用自己的金钱，在物质生活之外让自己感受到更多的快乐和幸福？

在经过一番认真考察后，洛克菲勒从个人的财富中拿出来一部分，设立了一个名叫"洛克菲勒基金会"的机构。这一机构成立的主要目的是帮助那些处于贫困境地的孩子，力所能及地改变他们的生活现状，让他们也得到受教育的机会。

显然，洛克菲勒这样做是为了让他的精神世界更为充实和富足。精神上感到快乐幸福了，才是物质生活基础上更高层次的幸福快乐。

"仓廪实而知礼节，衣食足而知荣辱。"综合而言，必要的金钱，可以让我们过上衣食无忧的生活，也可以使我们通过一定的金钱消费去帮助那些需要帮助的人，让自己的内心世界快乐充实起来。物质和精神双重满足，便是幸福的人生。

既然幸福的人生是物质和精神的双重满足，那么，我们就要努力学习和积极工作，不断提升自己，为幸福的人生创造更多的财富基础。

自我价值的实现不等于功名利禄

　　人生的意义是什么呢？这是无数人不断思索和追寻的问题。在一些人的眼中，人生的意义无非就是能够得到功名利禄、荣华富贵。事实上，这类人的看法太过狭隘与浅薄，是对自我价值错误的认知。真正的自我价值的实现，是在奋力前行中，能够为社会的发展贡献个人微薄的力量，让人生更富有积极的意义。

自我价值的实现和功名利禄之间，不存在等号

　　人生的意义，在于自我价值的实现。也就是通过个人的努力，在对社会做出一定贡献的同时，获得社会和他人的正面肯定，并能够从

中得到物质和精神上的充实与满足。

但由于个人理解的不同，一些人常将自我价值的实现和功名利禄这些外在的事物联系在一起，将两者视作一种等同的关系。

在这些人眼中，只有获得了金钱财富、功名地位，才是自我价值的最大实现，也才是一个人努力奋斗的终极目标。

显然，在自我价值实现和功名利禄之间放上一个等号，是对自我价值本质内涵的一种肤浅的认识和曲解。真正的自我价值的实现，不单纯是为了成就个人的功名，也不是执着于金钱利益的追求，而是自我精神的升华，是努力实现更为宏大的理想，不虚度人生，并从中获得持久的愉悦与幸福。

法国著名的科学家、物理学家、化学家居里夫人，堪称是一位充满传奇色彩的人物。

在学术研究领域，居里夫人获得了极高的成就：1903年，她和丈夫共同获得了诺贝尔物理学奖；1911年，她获得诺贝尔化学奖。

从名利方面看，居里夫人达到了很多人难以企及的人生高度。然而，居里夫人在拥有了名利之后，并不醉心于名利，依然过着朴素的生活，漠视外在的功名，将所有心思和精力继续用在推动人类科学事业的发展上。

仔细观察不难发现，在这个世界上，真正优秀的人，都是极为简单、纯粹、朴素的，他们在努力实现自我价值的同时，全部的身心都放在了自己所热爱的事业上，忘我地工作，持续不断地为国家、社会创造出更多的价值。

精神富足丰盈，才是自我价值的真正实现

在《钢铁是怎样炼成的》这本书中，主人公保尔·柯察金说过这样一句话："一个人的生命应当这样度过：当他回首往事的时候不会因虚度年华而悔恨，也不会因碌碌无为而羞愧！"

当一个人内心有了更高的追求后，就会摆脱对功名利禄低层次的需求，回归简约的生活状态，致力于自我价值的实现，真正地做到利他和奉献，让精神世界富足充盈，这才是生命的本质内涵。

北宋文学家范仲淹，通过科举进入仕途后，秉公直言，心怀天下，他所提倡的"先天下之忧而忧，后天下之乐而乐"的崇高理念，千百年来成为激励许多仁人志士的精神丰碑。

古往今来，有着崇高思想境界的历史人物比比皆是。如诸葛亮"非淡泊无以明志，非宁静无以致远"的淡然；李白"天生我材必有用，千金散尽还复来"的洒脱；林则徐"苟利国家生死以，岂因祸福避趋之"的无畏。他们的精神光耀千秋，令人敬仰。

由此可知，在自我价值的实现上，一个人的格局和胸襟越大，就越容易从追求功名利禄的焦虑、浮躁情绪中解脱出来，有独立的思想和认知，有清晰正当的人生目标，有顽强的毅力和意志，自然也就能够放下各种迷乱心智的欲念了。

内心充盈了，我们所关注的重点，也不再是简单的吃喝玩乐、金钱富贵，也就能远离奢侈与安逸的生活，进入超脱个人享乐主义的"大我"境界之中，在实现个人价值的同时，去追求自我精神的成长，真正地做到利他和奉献。

第七章

人生道路的选择
关乎幸福的未来

人生的道路很长，每个人都会面临人生的十字路口，需要选择接下来要走的路。那么，什么样的选择才是对的呢？其实，对于每个人来说，人生道路都是不同的，只有适合自己的道路，才是正确的人生道路。一个人只有能够果断取舍并为自己的选择买单，坚定地朝着选择的方向努力前行，才能最终抵达幸福的彼岸。

人生就是不断迷失与不断选择

在漫长的人生路程中，我们面临着无数的选择，我们总是不断迷失，又不断选择。在这个过程中，偶尔的迷失并不可怕，可怕的是深陷困境，迷途不返。而正确的做法是在一次次的选择与尝试中，找到最适合自己的道路，并坚定不移地走下去。

偶尔迷失不可怕，可怕的是迷途不返

行走在人生路上，不同的选择会带来不同的结果，有意想不到的惊喜，也有迷途的失意。实际上，偶尔的迷失并不可怕，只要总结经验教训，经过思考重新做出选择，就有从头再来的机会。

而且，曾经走过的路会丰富我们的阅历，为我们接下来的人生路提供指引和帮助。

所以，在人生的道路上，偶尔的迷失并不可怕，可怕的是迷途不返。很多时候，有些人明明已经做错了选择、迷失了方向，还始终在迷途中徘徊、盲目前进，最终离最初的目标越来越远，与幸福背道而驰。

那些人明知自己走在了错误的道路上，为何还不果断放弃呢？或许是因为前期已经付出了太多的时间、精力和金钱，所以盲目挣扎在迷途中，始终不愿意回头。可是，我们需要知道的是，如果错误地坚持下去，我们只会付出更多，却没有预期的收获。

李翔毕业后并没有和其他人一样循规蹈矩地去上班，而是选择创业。他先后尝试多次，都以失败告终。三年下来，他将当初筹备的创业基金都花了个干净，却一无所获。李翔不甘心，还想继续找要好的朋友借钱，重新再拼一次，好友忍不住质问他："你已经坚持了这么久，难道还不明白，你根本不适合创业吗？"

李翔愣了，他脑海里也无数次冒出这个想法，可一想到一旦放弃曾经的付出就再也收不回来，就不得不硬着头皮继续在创业这条路上坚持下去。在与好友长谈之后，李翔彻底明白，他真的不适合创业，再继续下去只会白白地付出更多。于是，他最终选择放弃创业，开始找适合自己的工作。

偶尔迷失并不可怕，可怕的是迷途不返。如果发现自己做了错误的选择，没有关系，可以从头再来，重新去创造属于自己的幸福生活。

在一次次的选择中，找到适合的路

人生就是不断选择的过程，幸运的人可能只需要选一次就能找到适合的人生道路，从此一帆风顺地走下去。然而，生活中大多数人都只能摸索前进，通过一次次的选择与尝试，最终找到适合的路。

高音歌唱家帕瓦罗蒂的人生经历便很好地印证了这一点。帕瓦罗蒂在年幼时立志成为一名教师。经过孜孜不倦的努力，他考入了一所师范院校，毕业后如愿成为一名教师。但是，由于他当时比较年轻，缺乏经验，对管理学生也不擅长，因此，学生们便处处捣乱，导致他的教学生涯早早以失败告终。

帕瓦罗蒂知道，自己并不适合当老师，于是选择了另一条道路——开启歌唱事业，但是刚开始，由于他只是一个无名小辈，只能跟随乐团跑一些免费的音乐会。后来，他还得了声带小结，失声下台。这些失败经历让他备受打击，但他并不灰心，最终还是选择继续坚持下去。终于，在一次歌唱比赛中，他被选中演唱了歌剧《波西米亚人》，这也让他一举成名。后来，他的歌唱事业一路发展，最终成为世界著名的男高音歌唱家。

人生是允许试错的，尤其要趁着年轻去多尝试，失败了没关系，换条赛道重新开始，在一次次的选择中，我们迟早会打破面前的墙壁，找到那条通向光明未来的幸福之路。

做出选择，果断取舍

每个人都能自主选择自己未来的发展道路和生活方式，而做选择的过程就是不断取舍的过程。想要通往幸福未来，我们就要依据现实情况做出理智的判断，果断取舍。

有舍有得，人生才更精彩

心理学上有一个词，叫作"害怕错过"（fear of missing out）。简单来说，就是人总是害怕错过机会，认为这个机会错过后，就不会再有相同的机会。而往往我们在面临抉择的时候，都会伴有时间的限制，这种时间的紧迫就造成了更大的压力。在这种压力下，很多人左右摇摆，什么也不想失去，最终却导致机遇白白流失。

其实，人生一定是有舍有得的，而且往往是先有"舍"才有"得"。

晓熙快毕业时面临着一个重大的抉择，那就是考研还是工作。如果选择考研，成功了她的未来势必会有更大的发展，但也存在考试失败的风险；如果立即参加工作，意味着就可以更快实现经济独立，这也是她一直以来梦寐以求的事。但是，晓熙又不甘心放弃考研，想要有机会再拼一次。

思来想去，晓熙还是选择加入了考研大军。在准备考研的日子里，晓熙也曾想过，如果当初选择的是另一条路，会不会已经过上了想要的生活？每当脑海中出现这个念头时，她就会觉得遗憾。但晓熙最终还是将这份遗憾埋在心里，朝着心中的目标努力进发。后来，晓熙考上了研究生，进入了自己心仪的学校，前途一片光明。

选择背后必然伴随着舍弃，所以大多数时候，做选择都很痛苦，也伴随着遗憾。然而，舍与得同时又是一体的，正是因为有舍有得，人生才更丰富、更精彩。可见，懂得取舍，是一种人生智慧。

内心足够坚定，才能果断取舍

我们这一生确实会面临很多的选择，每一种选择其实都有利有弊，关键看我们如何取舍。有的时候，我们因为不想放弃眼前的利益，而陷入了难以取舍的处境。这个时候，只有我们内心足够坚定，对追求足够执着，才能做出果断的选择，也才更有可能获得幸福。

苏月的梦想是成为一名音乐家，从儿时起，她便一直喜欢歌唱，喜欢音乐。长大了以后，她也努力考上了音乐学院，继续执着于她的梦想。

大学时期，苏月参加了一场选秀节目，唱功颇佳的她最终在这场选秀中脱颖而出。有娱乐公司来找她签约，签约条件十分优厚。苏月动心了，可也明白自己如果中断学业成为签约艺人，可能会整日忙于录制综艺节目，虽然会获得名利，但离音乐家的梦想会越来越遥远。于是，她拒绝了娱乐公司的邀约，而是选择回到学校继续学习，不断提升自己。

名利的诱惑并没有让苏月动摇，她能果断地选择自己所热爱的事业和梦想，也是源于她内心坚定。只有内心无比坚定的人，才能勇于选择，果断取舍。

想要拥有坚定的内心，我们可以在选择之前，思考一个最重要的问题：我真正想要的是什么？这个问题的答案就是做出选择的重要参考。我们只有知道自己内心真正想要的是什么，确立好自己的目标和方向后，才能果断取舍，在自己选择的道路上坚定地走下去，奔赴属于自己的幸福未来。

敢于为自己的选择买单

想要获得幸福，就一定要敢于为自己的选择买单，而不是一边选择一边后悔，任由自己沉溺在为难和懊悔中，白白耗费人生。

人生可悲的事，是一边选择一边后悔

漫步在时间的长河里，我们的眼前会出现很多条道路，不同的道路将带我们领略不同的风景，需要我们做出选择。

当我们真的做出了选择后，就要明白，不是每条路上的风景都是美好的，它也可能布满泥泞与荆棘。但凡是选择，就一定有遗憾。而成长的第一课，就是敢于为自己的选择买单。

然而，生活中有很多人总是一边选择一边后悔，整日将怨天尤人的话挂在嘴边。这其实是非常可悲的事情，因为逝去的时间永远无法追回，更无从改变，若任由自己沉溺在无穷无尽的悔恨中，只会让生活变得越来越糟糕。

> 林春总是在抱怨自己生活不顺，一次次后悔当初的选择。大学毕业后，他选择留在大城市工作，没过几年就开始抱怨大城市工作辛苦、生活艰难，后悔当初没像自己的朋友一样留在小城市当老师。没过几年，他又开始抱怨没有早点结婚，导致自己如今一个人孤孤单单地在大城市打拼……

生活中，像林春这样的人很多，他们总是在回望前路，如果现状不如人意，就会极度后悔当初的选择。事实上，我们都知道后悔是无济于事的，悔恨的心理只会加重焦虑和痛苦，每天沉浸在自我悲伤的情绪中，更不会有勇气面对接下来的挫折和挑战。

人生正是一个不断重塑自我的过程，是当初的无数个选择才造就了今日的你。如果你对现状不满意，别去后悔，想办法去改变。

接纳现状，为自己的选择买单

人的一生，只要活着，就会面临选择。做出选择，就可能会面临挫折。如果一遇到困难，就后悔当初自己的选择，那么没有一条路能够通往幸福。

我们要坦然接受现状，为自己的选择买单。那么，如何做才能摆脱后悔的情绪，真正为自己的选择买单呢？

❤ 理清现状

首先，我们要认清自己的工作、生活情况。我们可以问自己这样几个问题：现在情况怎么样？生活上有哪些不满的地方？工作上还有哪些值得改进的地方？最大的优势在哪里？最大的障碍又是什么？

通过这几个问题来梳理我们目前的情况，帮助我们加深对自己的认识。

❤ 明确目标

当认清了自己的现状之后，我们接下来就要明确自己的长期目标，并根据长期目标来设置阶段性目标。有了目标后，才会有行动的动力和前进的方向。

❤ 付诸行动

设置好目标后，我们需要做的是，结合现状制订一份行动方案，然后朝着目标不断努力。如果目标是在工作上有所进步，那么就做好自己的工作计划和方案，然后付诸行动。行动起来后，我们的目光将不再盯着过去，而是朝前看，奔着自己的目标不断向前。

　　总体而言，既然做出了选择，就不要后悔。哪怕现状再不如意，也要平静地接受，努力寻找出路。记住，那些敢于为自己的选择买单的人，才能真正获得幸福。

事业与家庭的选择

人们都将事业成功和家庭美满做为自己毕生的追求。但很多时候，选择了事业，可能就无法兼顾家庭，选择了家庭，可能就会意味着要放弃一部分事业，因而左右为难。实际上，这两种选择没有对错之分，只需跟随本心，即可获得幸福。

选择家庭，幸福美满

家庭，与事业拥有着同样重要的地位，它并不是人生的辅路，而是与事业并行的主路。

选择家庭，将重心放在家庭的经营上，可能会对事业有所影响，但我们可以获得幸福美满的家庭，这何尝不是一种幸福和成功。

张明原本是一家公司的经理，工作十分忙碌，经常需要出差。因此，他和妻子、女儿总是聚少离多。有一年冬天，因为天气寒冷，女儿发烧感冒，十分难受，但此时的张明却在外地出差，由于帮不上忙十分焦急，妻子因为照顾女儿也十分劳累，心情很差。两人在通话过程中，一言不合便吵了起来。

挂了电话以后，张明沉下心来想了很多。这样一味地追求事业而让家庭受累，使他觉得于心不忍。于是，在项目完成后，他便提出了辞职。后来，为了能够兼顾家庭，他便选择自己经营一家小店。尽管收入没有之前那么高，但他有很多时间可以陪伴妻女，日子也过得幸福美满。

张明选择了家庭，也因此放弃了曾经的事业和更多的收入，但是他并不为此感到可惜，而是享受这种幸福。对于选择家庭的人而言，或许会失去某些工作机会，但是可以时刻陪伴家人，并感受家庭的温暖和幸福。

选择事业，实现价值

事业，对于一个人来说是经济独立的保障，是实现梦想的途径，没有人不想在自己的事业上做出一番成绩。

同时，事业可以给人提供的不只是经济利益，还有一种实现个人价值所带来的成就感。为了获得更好的事业，我们即使在挫折中屡败屡战也不曾疲倦。可当我们花费大量的时间和精力在事业上时，就不可避免地会忽略家庭，失去一些享受天伦之乐的机会。

林巧稚女士从协和医学院毕业后，成为一名留校女医生。她废寝忘食地工作，几乎把所有的时间和精力都投在了医学事业上，很少考虑个人问题。后来，在她的努力下，建起了我国第一所妇产医院。

林巧稚一生未曾婚育，她或许没有美满的家庭，但是经她之手出生的婴儿有上万名，因此她也有一个称号，叫作"万婴之母"。她将一生奉献给了妇产医学事业，为中国妇产医学的发展做出了杰出的贡献。

现实生活中，为了事业而放弃家庭的人有很多，他们也都活跃在各个平台，默默地为自己的事业奉献自己的力量。选择事业，可能会忽略家庭，会失去享受美满家庭的乐趣，但也同样会收获为社会做贡献所获得的荣耀感、满足感以及实现个人价值所获得的成就感。

跟随本心，才能获得幸福

因为一个人的精力和时间确实有限，有时候很难同时兼顾家庭和事业，所以必须在事业和家庭中做出取舍，这难免会让人左右为难。

但是，无论是选择家庭还是事业，最重要的跟随本心做出选择。因为每一种选择都有自己的价值，同样也会面临失去，谈不上绝对的对与错。我们要做的就是听从内心的声音做出选择，然后坚定不移地走下去，并勇敢地承担选择的后果。

在跟随本心做选择的过程中，要注意以下几点：

第一，慎重考虑，切勿将"听从本心"理解成"头脑一热，随便做决定"。毕竟你做出的选择关乎你未来的幸福生活，如果你本身想法不定，一会儿想回归家庭，一会儿又想继续拼事业，那就不要轻易下决定，一定要给自己一段时间去考虑，权衡利弊并弄明白自己真正想要的是什么，再去做选择。

第二，做好规划，减少不必要的风险。无论是选择家庭还是事业，都要做好周全的规划，为自己驶向幸福的未来保驾护航。比如，如果你选择回归家庭，就要考虑经济来源等诸多现实问题，如何解决这些问题，就需要你做出一份完整的计划，将风险降到最低。

第三，无论选择哪种人生，我们要做到的都是不能后悔，不能因此怨怼于人。幸福美满的生活，一直都是基于积极乐观的心态。消极悔恨的情绪，是不可能引导我们走向幸福的。

控制欲望，坚守底线

人生在世，想要获得幸福，除了要学会选择，还要经得起诱惑，不能任由欲望膨胀，将自己完全吞噬。当我们顺利地控制和战胜欲望、守住底线的时候，我们就离幸福越来越近。

膨胀的欲望是幸福的敌人

有这样一则笑话：一个人捡到一盏神灯，神灯里住着阿拉丁，阿拉丁告诉这个人说可以满足他三个愿望。这个人兴奋极了，问道："我能再要三个愿望吗！"他话音刚落，阿拉丁就消失了。

这个笑话给予我们的启发是，人在巨大的诱惑面前，总是欲壑难填。有了金钱，又想要名利；有了名利，又想要权力。欲望总是没有满足的那一刻，到头来，可能万般皆空。

欲望无时无刻不在左右着我们的选择，适度的欲望能激发我们的斗志，促使我们上进，而膨胀的欲望却会抹杀人的幸福，乃至成为人们痛苦的源泉。

膨胀的欲望是幸福的敌人。休·麦凯在《欲望心理学》一书中提到的"欲望—幸福"曲线恰恰印证了这一点。

"欲望—幸福"曲线告诉我们，当一个人欲望很小的时候，一点小小的满足，就会感到莫大的幸福，而当一个人的欲望增加到一定程度时，幸福感不但不会提升，反而会迅速跌入谷底。人的欲望一旦达到难以满足的程度，那么带来的只有无尽的痛苦。

王阳明说："减得一分人欲，便是复得一分天理，何等轻快洒脱，何等简易。"可见，唯有控制欲望，才能提升幸福指数。

守住底线，拥抱光明未来

底线是我们做人的基础，守住了底线，无异于守住了做人的根本。如果失去了做人的原则和底线，我们将被利益裹挟向前，并一步步滑落深渊，直至与幸福失之交臂。

王雷在某公司担任会计一职，他一向花钱大手大脚，是个标准的月光族。自从交了女朋友后，随着花销越来越大，他越发觉得囊中羞涩，力不从心。为了改变窘迫的现状，他竟然打起了公司公款的主意，第一次悄悄挪用公款时，他十分紧张，谁知竟被他蒙混过关。见无人发现，很快他又有了第二次、第三次不法行为……最终，随着东窗事发，他银铛入狱，前途尽毁。

心理学上有一个概念叫作"破窗效应"，意思是说，在一栋大楼里，一扇窗户的破碎可能引发一连串的反应，使得这栋楼里其余的窗户都将接二连三地遭到毁坏。人类的底线就相当于这扇窗户，一旦破损，就会导致人格大楼的千疮百孔，甚至是轰然倒塌。

正因如此，无论做任何事，我们都要恪守底线，唯有如此，才能拥抱光明未来。

如何控制欲望，守住底线

控制不了欲望、守不住底线的人，迟早会迎来不幸的结局。那么，我们如何才能控制欲望，守住底线呢？

♥端正心态，正视欲望

欲望如同心魔，越是压抑，便越是膨胀。我们不妨坦荡一点，正视内心的欲望，而这正是控制欲望的前提。

每隔一段时间，我们不妨来一次"欲望自查"，思索自己最近又产生了哪些不合理的欲望，为什么会产生这些欲望，为了实现这些欲望自己必须要做哪些事，分别会带来哪些严重后果。我们通过严格的"欲望自查"，了解自己的心理状态，也就不容易受欲望的驱使了。

❤ 培养高雅爱好，将低层次的物质欲望转为高层次的精神追求

物质欲望带给我们的快乐是一时的，而高级的精神追求带给我们的快乐与满足感却是持久的。所以，我们不妨多培养一些高雅爱好，让自己的精神生活充实、丰富起来。

比如，我们少花些时间在游戏和网络上，用节省下来的时间去广泛涉猎各类书籍，丰富自己的知识体系；少和同龄人进行物质攀比，多参加一些骑行团、露营团，周末的时候来一场酣畅淋漓的骑行运动，或去山野之中探索大自然的野趣等。

❤ 明确底线，并一再告诫自己

很多人之所以守不住底线，是因为他们心中的底线本身就是模糊的，他们对违背底线可能会带来的后果也认知不清，于是稀里糊涂地铸成大错。

想要避免这种情况的出现，我们就要明确自己的底线，清楚哪些事可以做，哪些事坚决不能做。明确了底线后，我们在现实生活中也要时刻提醒自己、告诫自己，避免自己走上弯路，从而与幸福失之交臂。

但行好事，莫问前程

　　"但行好事，莫问前程。"这句话出自明代《增广贤文》一书，指的是做好当下之事，莫要牵挂事情以后的发展。这是一种大智慧，深谙这种生存智慧的人，日子大多过得幸福圆满。

　　我们每个人做出选择后，都曾有过迷茫与彷徨。害怕失去方向，更害怕抵达不了幸福的彼岸，可越是战战兢兢、患得患失，就越是做不好手头的事，最终反而离想要的未来越来越远。

　　倒不如放下这些担心与迷茫，真正地做好当下之事。只要真正拼搏过、努力过，哪怕结果不尽如人意，也只会有遗憾、不甘心，而不会有后悔。更何况，很多时候，当你放下杂念，真正将自己投入奋斗过程时，往往会收获一个美好的结局。

　　赵琳在同事的鼓励下报名参加了公司举行的工作技能比

拼大赛，可当参赛名单公布后，她不由自主地紧张起来。参赛的有公司里多次获得优秀员工奖的老员工，还有项目经验丰富的人，以及其他部门里履历丰富的业务骨干，可以说个个都很优秀，而她入职刚满三年，论实力根本无法和其他参赛选手相提并论。

　　赵琳越想越后悔，恨不得立马退赛。同事看穿了她的心思，鼓励她只管去做，而不要过早地考虑结果。同事的一番话打消了赵琳的顾虑，她开始用心地准备比赛，每天都练习到深夜。到了比赛那一天，她沉浸在比赛的过程中，专心致志地应对着每一道考验，完全忘记了紧张。等到结果出来后，赵琳竟然获得了第三名的好成绩，完全出乎所有人的意料。

所谓但行好事，莫问前程，做人就该如此，我们无法预知结果，但我们可以全身心地投入过程，心无旁骛地朝着自己的目标走去，去迎接属于自己的幸福。

第八章

通往幸福的路不是一帆风顺的

通往幸福的路上，总是会遇到各种各样的困难和挫折，也总是会经历很多痛苦和迷茫的时刻。也许我们会感叹命运不济，但要知道，这才是人生的常态。我们需要做的就是心中笃定目标和信念，勇敢面对前方的一切困难，直奔幸福。

负面情绪不是敌人

生活中，很多人深受负面情绪困扰，不知该如何解脱。其实，想要真正摆脱负面情绪，首先要改变对其的认知。

有负面情绪是十分正常的事情，它并非洪水猛兽或敌人，我们要做的就是接纳自己的负面情绪，并与负面情绪和解。

负面情绪也有正面意义

恐惧、焦虑、沮丧、愤怒等都是常见的负面情绪，它们并不一定都是消极的，也可能会转化成一股动力，激励我们努力攀登、继续前行。正因为有了压力，我们才会有想要改变的动力。

　　小李是一家公司的销售人员，因为业务不是很熟练，所以每次面对客户时都有些焦虑，也因此失去了很多客户。也正是焦虑这一信号让他认识到了自己的问题，之所以会这样，很可能是因为自己工作做得不够好。为了提高工作能力，更好地服务客户，小李每次在接待客户之前都会提前做好功课，包括熟记产品特性，了解客户喜好，认真聆听客户需求等。终于，小李不仅不再焦虑，业绩也越来越好。

可见，负面情绪带来的并不一定都是消极的作用，只要我们客观看待，合理运用，也可以将负面情绪转变为上进的动力。

不要压抑负面情绪

成长过程中，每个人都会面临负面情绪的困扰，这是无法避免的。很多人习惯于在负面情绪袭来的时候，竭力克制自己，拼命压抑负面情绪。殊不知，压抑负面情绪，并不会使它们消失，它们只会默默地积聚，一旦它们从小溪汇成洪流，在我们的身体里肆意冲撞，就会对我们的身心健康造成影响。

　　美意是一个奋斗在大城市的女孩，最近刚换了一份工作，但新的工作环境和工作内容时常令她感到焦虑不安。为了更好地完成工作任务，她常常连饭都顾不上吃。

不仅如此，美意还时常遭受客户的误解和刁难，这令她既委屈又愤怒。但即便如此，美意还是压抑着自己的情绪，像往常一样工作，不将自己的委屈和不满表现出来。

随着不良情绪积压得越来越多，美意的情绪终于爆发了。有一次，美意在与客户沟通的过程，由于沟通不畅，竟忍不住对客户大发脾气，让客户大为震惊。美意事后也十分懊悔，后悔没有控制住自己的情绪。

通过美意的事情可以发现，过分压抑负面情绪很可能会对我们的工作造成严重的影响。因此，我们不必压抑负面情绪，而要给它一个释放的出口，并学会慢慢地排解这些负面情绪，更加积极地生活下去。

及时发现负面情绪

出现负面情绪并不可怕，可怕的是你出现了负面情绪却不自知，这样不仅不能排解负面情绪，还会在负面情绪中越陷越深，最终造成无法挽回的后果。

愤怒是现代人非常容易出现的一种负面情绪。这里以愤怒这一负面情绪为例，通过诺瓦克愤怒量表测试，来提醒你时刻关注自己的负面情绪。

表8-1 诺瓦克愤怒量表

测试提示：

请根据描述将自己带入以下事件情景，选择自己对事件的反应所对应的选项，并在选项下方对应的方格中填写规定分值。规定分值如下：

0分：不生气；1分：有点愤怒；2分：愤怒；3分：相当愤怒；4分：非常愤怒。

事件	选项				
	0	1	2	3	4
1. 早上精心打扮出门，却不小心踩到了狗屎。					
2. 开车去上班。上班快迟到了，却遇到路上交通堵塞，后面的车一直按喇叭催你。					
3. 等了好久的快递终于送到了，拆开外包装后，却发现购买的物品上面有细小的划痕。					
4. 团队工作出现纰漏，在总结会议上，领导只点名批评了你，却未提及其他同事。					
5. 中午去买咖啡，好几个同事让你帮忙带一杯，当你拎着好几杯咖啡正走在回公司的路上时，却被一个快速经过的路人撞洒了一杯咖啡。					
6. 你把外套挂在公司衣帽间，有人不小心把它碰下来，却没有捡起来挂回去。					
7. 你很累，想午休一会儿，但周围有同事一直在聊天，声音不大但刚好能听到，吵得你心烦。					
8. 你到与客户约定的地点之后，客户打电话告诉你无法赴约。					
9. 晚上要和朋友聚会，去理发店做造型，头帘却被理发师不小心剪歪了。					

续表

事件	选项				
	0	1	2	3	4
10. 你把重要的物品借给他人，却被告知物品弄丢了。					

测评结果：

计算方格中所有分值的总和，得到一个数字，参照以下区间及结果进行解析：

0—18分：你是一个理性的人，不易愤怒。

19—22分：你是一个比较客观的人，比大多数人平静。

23—30分：你容易发怒，愤怒会干扰你的生活。

31—32分：你缺乏冷静，比一般人更易激怒。

33—40分：你是一个易怒者。

与负面情绪和解

其实，我们每个人每一天，都在与负面情绪交锋，负面情绪从未离开过我们的生活。学会与负面情绪和解，是在这个快节奏的时代里，我们最应该学会的事情。

情绪管理是人生的必修课，当我们真正地与负面情绪和解的时候，才能顺利地奔赴未来。而与这些负面情绪和解，可参考以下几点建议：

💙 了解负面情绪产生的根源

情绪产生的原因不同，具体的应对、调节方法也应有所改变。所以，我们要先对自己的情绪有客观、深刻的认识，了解自己的悲伤、恐惧、焦虑等负面情绪的来源。比如，是职场的失利？抑或是情感的失意？真正了解这些情绪的来源和原因，去勇敢地面对和解决，才是真正的成长。

💙 合理发泄负面情绪

当负面情绪袭来时，为了减少其带来的负担与伤害，我们不妨选择科学合理的方式及时发泄负面情绪。

其一，向亲人和朋友倾诉。

亲人和朋友是我们生命中极其重要的人，在亲人、朋友面前，我们可以放下伪装做回自己，想哭就哭，想笑就笑，可以尽情地诉说开心的或不开心的事情。

因此，当我们被负面情绪所困扰时，可以向亲人和朋友倾诉。在他们耐心的安抚与开导下，我们会慢慢变得平静下来，负面情绪也会慢慢消散不见。

最近，小吴因为被领导误解而感到十分委屈，甚至有了离职的想法，内心十分苦恼。为了缓解负面情绪，小吴决定向朋友倾诉。通过向朋友倾诉并得到朋友的一番安慰和劝导后，小吴的情绪稳定了许多，而且心态变得更积极了，对未来的工作也更有信心了。

可见，当负面情绪来袭时，我们可以选择向亲人和朋友倾诉，这是宣泄负面情绪的一种很好的方式。

其二，用眼泪冲走你的负面情绪。

在很多人看来，似乎只有小孩子在遇到难过的事情时才会哭泣，因此他们担心遭到他人的嘲笑，遇到伤心难过的事情时，总是隐忍着，尽量不通过哭泣这种方式来宣泄自己的负面情绪。

其实，哭泣并不代表一个人脆弱，同样不哭泣也不能证明一个人坚强。哭泣实际上是一种很好的发泄情绪的方式。哭泣可以将积压在我们身体内的负面情绪以最干脆的方式释放出去。哭泣过后，我们将以全新的面貌迎接新的一天，变得越来越坚强。

在当今社会，人们的压力普遍较大，神经经常处于紧绷状态，如果在遭遇不公或质疑或诋毁时仍旧想方设法地压制自己的情绪，将很容易造成心情压抑，严重者甚至会出现心理问题，这将不利于未来的发展。因此，当我们出现了负面情绪时，不妨哭一会儿，让泪水尽情地流出去，让伤心、委屈、害怕等情绪随着眼泪统统流走。

将负面情绪发泄出去后，我们的心情会由之前的悲伤、难过、委屈变为轻松、平静甚至十分愉悦。心情好了，面对事情和处理问题时自然就会变得更加积极乐观，也就增加了成功的几率。

♥科学调节负面情绪

出现负面情绪的时候，除了合理发泄负面情绪外，我们还可以采取种种方法去调节情绪，让自己变得积极向上。

其一，从积极视角出发，找到自己的正能量源。

很多人之所以整天郁郁寡欢，是因为他们几乎将所有的注意力都放在了生活中那些不好的事情上，而忽略了那些能带来快乐、幸福的事情。

想要与负面情绪和解，不妨转移目光，从积极视角出发，找到我们的正能量源，比如，虽然工作不太顺利，但家庭和谐美满；虽然物质条件一般，但精神世界丰富等。我们应学会从正能量源中汲取营养，去战胜内心的黑暗。

其二，运动是调节情绪的好方法。

情绪低落时，不妨出去走一走，参与一项你喜欢的运动。运动可以促使大脑中肽类的分泌。肽类中有一种物质叫"内啡肽"，其被科学家叫作"快乐素"。有了"快乐素"，我们就会感到愉悦。因此，当我们情绪不佳时，可以选择一项运动，让心情快速好起来。

比如，当我们愤怒时，不妨戴上拳套打打拳击，愤怒情绪就可以在出拳猛击沙袋的过程中逐渐平息。

当我们倍感压力、极度焦虑时，不妨穿上舒适的瑜伽服练练瑜伽，焦虑情绪会在冥想与深呼吸中逐渐消散。

当我们感到无助和难过时，可以换上泳装，进入泳池，让身体完全处在平静的水中，让负面情绪随着水波悄悄荡漾开去。

人生在世，负面情绪永远是我们生活中的一部分。我们要学会与这些负面情绪和解，及时排解它们，更好地拥抱幸福与快乐。

知交零落是人生常态

随着渐渐长大，我们身边的知己朋友渐渐离我们远去，我们也学会开始自己独自面对越来越多的事情，不再像之前那样，每件小事都要分享，每次痛苦都需要陪伴。人这一生，聚散离合总在发生，我们应始终感恩每一次的相遇，怀着初心，奔赴下一站的幸福。

聚散离合总在发生

人的一生，就是不断地相逢、相知、相守，又一次次地分开、别离。曾经和我们毫无保留地分享喜怒哀乐的知己、好友们在陪伴我们走完一段路程后，会各自奔向不同的岔路口。

虽然每一次的告别都叫我们伤感，但我们也不必沉溺在这种情绪里，毕竟人生是一条奔涌的河流，我们只能坚定地向前，而不能停留在过去。学会用淡然的心态去看待每一次的离别，我们才会真正变得成熟起来，也才有追寻与守住幸福的底气。

更何况，虽然人生中的聚散离合总在发生，但曾经的情谊如此真切，我们对彼此的祝福也赤诚热烈，哪怕走在了不同的人生道路上，我们也会衷心地为彼此加油打气。

梦梦上大学时与同宿舍其他五名同样来自外地的女孩结下了深厚的友谊。她们彼此惺惺相惜，每天上课、下课、吃饭都在一起。但是，快乐的日子总是如此短暂，一转眼便来到了分别的时刻。毕业后，她们分别去了不同的城市发展，相继工作、结婚。

但每次大家一有好消息都会发布在微信群里，与群里的姐妹分享喜悦，其他人也会热情祝贺，并由衷地感到开心。每次逢年过节，大家对彼此的祝福与问候虽简单，但却是那么真诚。梦梦感到，虽然大家的距离很远，心却很近。

人生路上，总在面临岔路口。没有人会一直陪我们走下去，我们总在与身边的人做着告别。我们所要做的，是淡然看待离别，珍惜曾温暖过我们的情谊，怀抱着对彼此的祝福和对未来的美好畅想，去踏上新的旅程，遇见新生活。

感恩每一次相遇

所谓百转千回才是人生，经历过，才明白，孤独与离别原本就是人生的常态。但我们仍旧感激那些陪伴我们走过一段又一段路程的人们，感恩每一次相遇，感恩每一段难得的缘分。

悲观的人认为，是相遇带来了离别，无论曾经的相遇有多美好，但余下的路总需要一个人孤独地走下去，不管曾经遇见多少人，拥有多少段真诚的友谊，最终会回归孤独，那么相遇的意义又在哪里呢？

可是，正是因为有缺憾，才显得每一次的相遇是如此珍贵、美好，因为相遇，我们真切地感受到了人世间的真情，凭借着那些温暖的回忆，我们原本苍白、单薄的生命底色也变得绚丽、厚重起来。

感恩人生路上的每一次相遇和那些擦肩而过的人，是他们丰富了我们的生活，照亮了我们前行的路。那些分享快乐、共同承担痛苦的日子，就是人生最美好的时光。

我们要相信，所有的遇见都有意义，所有的缘分都会化为生命的养料来滋润我们的心灵，所有的离别都将为我们提前奏响幸福下一站的乐章。

痛苦是人生的一部分

　　我们的一生都在向往幸福、追求幸福，可是人的一生中，总是会遇到各种各样的问题。人活一世，就不得不承受痛苦。

　　其实，没有挫折的人生并不完整，不经历挫折和痛苦的人学不会坚强。痛苦是人生的一部分，它能帮助我们一步一步走向成熟。

没有痛苦的人生并不完整

　　人生不会只有收获，不会一直都在上演快乐的喜剧，有时也会遭遇挫折与痛苦。快乐和痛苦交织，才成就了我们多姿多彩的人生。

没有经历过痛苦的人，总是幼稚冲动的，他们对痛苦和挫折没有概念，不会用成熟的思想去解决问题。曾遭遇过痛苦并成功地战胜痛苦的人，面对生活的难题总是会第一时间沉静下来，去思考解决问题的办法。他们不会逃避，不会怨天尤人，而是会想办法让自己对抗痛苦，这其实也是痛苦带给人们的成长。

李铭是个乐观开朗的大男孩，从小到大都备受父母疼爱与呵护。可以说，李铭的人生很幸福。但是，就在他大学毕业那一年，他的母亲不幸患了重病。得知这个消息的那一刻，李铭的世界仿佛崩塌了，巨大的痛苦几乎击垮了他。

那段时间，他承担起了家庭的重任。陪母亲看病、拿药、做手术，他的心仿佛时时刻刻都在承受煎熬，可正是这些痛苦令他迅速成长，变得异常成熟、坚韧。在他的精心照料下，母亲术后的身体恢复得很不错。这段经历教会了李铭如何面对痛苦，在之后的人生旅途中，无论面对何种困难和挫折，他总是能够很快地站起来，遇到挫折也不会只是沉浸在痛苦中，而是第一时间去解决问题。

痛苦是人生不可或缺的一部分，我们不可能摆脱痛苦。明智的做法是正视痛苦，接纳痛苦，并化解痛苦。

痛苦是人们成长、成熟的催化剂。一直生活在幸福里的人是很难产生改变自己、提升自己的想法的，而痛苦却会使人自发地蜕变，为了遇到更好的自己而拼命努力。

痛苦是幸福的种子

痛苦既是成长的催化剂，也是幸福的种子。就像是彩虹总是出现在风雨后，痛苦背后往往也蕴藏着幸福与甜蜜。只要我们善于从痛苦中汲取经验教训，就能播种下幸福的希望，收获一整个春天。

一粒沙子进入一只河蚌的身体里，从那天起，河蚌总是感到很痛苦，难受得整夜都睡不着觉。为了减轻痛苦，它试着用柔软的身体去包裹沙子，一遍又一遍地摩擦着，不知努力了多久，沙子终于被磨得光滑圆润，并绽放出耀眼的光芒。

此时，河蚌才发现，它竟然将那粒沙子打磨成了一颗美丽的珍珠。从那以后，一股无与伦比的幸福感始终萦绕在它心间……

痛苦是幸福的种子，从痛苦中孕育的珍珠往往闪耀无比，有着非同寻常的美丽。而从痛苦中领悟、超脱并最终战胜痛苦的那种幸福感也是人生中难得的体验，令人铭记终生。

痛苦是幸福的种子。因为有痛苦的出现，我们才愈发真切地感悟到幸福的来之不易，如果我们一路走来都是风和日丽，看惯了骄阳，赏遍了鲜花，渐渐地只会对生命中的美好越来越习以为常。

只有当乌云压顶，暴雨袭来，你才由衷地感到幸福的易碎与珍贵，如果不牢牢握紧，它就会从你的生命中消失。而经历过这糟糕的一切后，你才会对生命中的阳光越发珍惜，对他人给予的善意分外感激。

可见，生活所赐予的苦痛与磨难并不一定都是坏事，它们会将我们引向幸福的怀抱。

允许心理创伤的存在

人生中遇到的那些不好的事情会在我们的心里留下大大小小的伤痕。很多心理创伤可能会伴随我们一生，每当再次遇到类似的事情，那些恐惧感又会重新袭来。但是，逃避只会加重这些心理创伤的痛苦，只有直面这些痛苦，允许心理创伤的存在，我们才能真正地走出创伤。

什么是心理创伤

心理创伤指的不仅是突发情况，如战争、洪水、地震等灾难带来的创伤，更为常见的是在我们的成长过程中所遭遇的种种负面事件，如冷暴力、情绪虐待甚至是身体暴力等，都会给我们的心理造成或大或小的创伤。每个人对创伤的理解不同，有些事情或许他人不以为意，却给当事人留下了巨大的心理阴影。

有着心理创伤的人总是习惯性地用过去的经验来做判断，逃不出过去的阴影，比如曾经遭受过他人的欺骗与冷暴力，就认为世间再没有真情，到处都充斥着谎言和暴力等。

接纳心理创伤，走向幸福未来

面对心理创伤，很多人选择逃避，可我们越是拼命地逃避，想要忘掉一切，过往的痛苦经历越是在头脑中重复与闪回。

同时，也正是因为我们一直以来的逃避态度，这些创伤失去了彻底愈合的机会，它们始终在隐隐作痛，对我们的生活造成严重影响。

想要走向幸福未来，首先要允许心理创伤的存在，只有先去平静地接纳过往那些不好的经历，才能逐步治愈创伤。

在接纳心理创伤的过程中，需要注意以下事项：

其一，坦诚自己内心的创伤，充分释放求助的信号。很多人在说起过往的创伤经历的时候，总是羞于展现自己内心的创伤，害怕过度坦诚自我会遭到他人轻视。

然而，这样很难让自己得到真正的释放。我们要承认，曾经的自己就是脆弱、不堪一击的，乃至如今的自己，也十分需要帮助。当我们能够正视过往的自己，不再假装坚强并充分释放求助信号的时候，我们就真正迈出了治愈心理创伤的第一步。

其二，进行有意义、有价值的回溯与思考。那些创伤经历可能一直在头脑中重复与闪回，与其被迫接受痛苦回忆的侵袭，不如主动回望它们，思索曾经的自己在那段经历里做的哪些尝试是积极的、可取的，哪些行为是错误的、应当杜绝的。这种回溯、思考能帮助我们加深对创伤的理解，同时也为我们积累应对同样伤害的方法与经验。

其三，怀抱希望，心向阳光。治愈心理创伤的过程是漫长的，心理创伤很难快速治愈，很多人可能终其一生都在治愈童年阴影。但是在这条漫长的道路上，我们始终要怀抱希望，心向光明，积极避免类似的经历再次发生。

总之，我们要允许心理创伤的存在，只有我们真正去了解出现伤口的原因，去好好地治愈它，才有希望缝合这道伤口。

幸福不是人生目标

在人生这场漫长的旅途中，目的地固然重要，但通过自己的努力，步步抵达目的地的过程更重要。而幸福往往就藏在我们追寻幸福的路途中。

秦风一直在追寻着属于自己的幸福未来，于是他勤奋读书，从偏远小镇的一所普通高中考入了全国一流学府，毕业后又进入了一家知名企业工作。一路走来，他付出了太多的艰辛。

后来，作为优秀毕业生的他受邀回到高中发表了一场演讲，演讲中，他谈及自己一直以来对幸福生活的渴望及过往的奋斗经历，他动情地说道："我并非在实现了梦想后才觉得幸福，事实上，一路拼搏的过程中，那种幸福感与满足感始终围绕在我身边。"

是啊，幸福并不是我们的人生目标，其实在追求幸福的过程中，我们就已经体会到了这种幸福的感受。

在追求幸福的过程中，我们变得越来越坚强。只因一路上，不只有阳光相伴，还有风雨侵袭，原本胆小、脆弱的我们不得不硬着头皮去处理人生中所有的难题，而在经历过暴风雨的洗礼后，我们也渐渐锻炼出了独当一面的能力和迎难而上的勇气。

在追求幸福的过程中，我们变得越来越成熟。旅途中，我们经历得越多，心智就越成熟。在这期间，我们慢慢会找到自我，知道自己真正需要的什么，什么才是属于我们自己的幸福。正因如此，我们才能克服诱惑，坚守初心，坚定前行。

在追求幸福的过程中，我们变得越来越优秀。为了实现一个个目标，最终抵达幸福的彼岸，我们不断学习、提升与完善自己，一边改变自身的缺点、强化优势，一边努力向优秀的人靠近。而这一次次奋勇追逐的过程，也让我们变得越来越优秀、越来越耀眼夺目。

在追求幸福的过程中，我们的生命变得越来越精彩、厚重。可见，幸福并不是人生目标，追求幸福的过程本身就是一种幸福。

尝试正念与冥想，增进幸福体验

拥有平稳的情绪、平静的内心的人，更容易感知幸福。为了消除负面情绪，平稳心态，我们可以尝试正念与冥想，以帮助我们增进幸福体验。

什么是正念与冥想

正念指的是一种刻意觉察当下、自我调节的方法，而冥想指的则是在深层次的宁静状态中获得更清晰的自我认知的方法。

正念冥想是正念练习与冥想相结合的一种心理训练方法，即通过观察和感觉当下的内心感受，来缓解紧张和焦虑的心情。

具体而言，正念与冥想其实是让我们专注于现在，而不是未来或是过去。当我们集中注意力，去感受当下的情绪的时候，慢慢会意识到这些负面情绪并没有我们想象中的持久、强大，它们并不能主宰我们的生活，我们完全可以选择忽略这些消极感受。

正念与冥想可以帮助我们减轻随意蔓延的负面情绪的影响，舒缓身心压力。

进行正念与冥想练习，提升幸福感

正念与冥想可以让人变得更加平静、更加愉悦，极大提升人的生活质量和幸福感。正念与冥想的方式有很多，比如我们可以通过正念式呼吸的方法帮助自己恢复平静，缓解焦虑：

首先，做好准备。我们穿一件宽松的衣服，找一处安静的地方，盘腿坐在地上或者椅子上，放松身心。

然后，我们可以耐心观察自己的身体，感受身体与地面接触的感觉，或是周围环境带给自身的感觉，如可以体验花香，感受鸟鸣。

最后，我们来感受空气进入体内的感受。可以将手放在腹部，感受呼气和吸气的规律。放松身体，闭上眼睛。将注意力转移到我们的呼吸上，关注我们呼吸的频率和感受。

在这期间，我们的思绪可能随时都会飘远，被一些生活琐事所占据，一旦意识到这一点就要及时收回注意力，继续观察自己的呼吸。

通过这种练习，我们紧绷的神经会慢慢地放松下来，整个人也会变得更加轻松愉悦。

心中充满杂念，才会有焦虑和痛苦。进行正念与冥想练习的时候，我们的注意力始终集中在当下。正念与冥想练习可以帮助我们体察内心，消除杂念，平静情绪，从而增进我们的幸福体验。

第九章

向阳而生，拥抱幸福

生活中，总有各种各样的坎坷、波折和我们不期而遇，当人生陷入低谷或绝境时，是不是自暴自弃就能顺利摆脱困境呢？当然不是，越是自甘沉沦，就越是会遭受命运的打击。因此，在人生失意或身处绝境时，我们不能自暴自弃，而应当以奋发进取的姿态，化被动为主动，向阳而生，逐光而行，努力将一切美丽的梦想和热爱变为现实，那时就会发现，其实幸福就在不远处。

过去的创伤不等于悲惨的人生

生活中的每一个人，都会有或深或浅、或大或小的创伤。如何对待这些已经过去的创伤，决定了我们人生的方向。积极乐观的人，会将昔日的创伤当作一种激励和鞭策，重拾信心砥砺前行，而悲观失望的人，总是舔舐伤疤，纠结过往，难以释怀，这种失落、绝望的心态，反而会导致我们错失未来美好的人生。

轻易被过去创伤击倒的是懦夫

人生并非一帆风顺，在前行的道路上，几乎每个人都会多多少少遭遇一些挫折和磨难，身心也相应地会留下一定的创伤。每一次回想，这些创伤都如一把锋利的刀子一样，一次次将我们的心刺痛。

那么，是不是说，一时的创伤和失败，就意味着我们整个人生和未来都是灰暗的色调呢？

当然不是！因为过去的毕竟已经过去了，立足当下才最为重要。我们应选择和过去和解，认真地把握未来的人生方向，相信前方一定会有无数次机会和希望在静静地等待着我们。东山再起不是没有可能，重头再来的人生依旧精彩无限。

但如果一个人一直纠结于过去的伤痛，不断地将其刻意放大，走不出痛苦自责的深渊，在反复纠结的自怨自艾中，自然会渐渐丧失前行的勇气，成为一名胆小的懦夫，最终也会轻而易举地被生活击倒。

"力拔山兮气盖世"的项羽，头上顶着"西楚霸王"的响亮名号，在起兵反秦之初，气吞山河，何等的豪迈英勇。谁知在楚汉争霸中，刚愎自用的项羽一败再败，在"垓下之围"中被汉军围困，遭遇一连串打击刺痛的他，最终以"无颜再见江东父老"为借口，拔剑自刎。

当陷入重围中，项羽是不是真的走投无路了呢？其实不是，至少当时他若肯听从摆渡船工的劝告，渡乌江而去，就大有卷土重来的机会。他自刎的行为，与其说是悲壮，倒不如说是逃避现实的表现。

唐代大诗人杜牧在《题乌江亭》一诗中，也惋惜地写道："胜败兵家事不期，包羞忍耻是男儿。江东子弟多才俊，卷土重来未可知。"

可惜的是，项羽却不能明白这样的道理，他在昔日的创伤中丧失了勇气与自信，认定他的人生和事业已经陷入万劫不复的深渊，灰暗的心态注定了他可叹的结局。

向前看，不要纠结过去的创伤；放下伤痛，让一切随风而去。渐渐地，经过时间的治愈，你会发现，曾经的灰暗是如此的微不足道。

勇敢地站起来，破茧重生

纠结过去的创伤，不仅毫无意义，还会影响我们接下来的人生。要知道在生命的长河中，我们所遭遇、经历的最大伤害，不在于过去的创伤，而在于我们轻易地放弃了美好的未来。

和项羽处于同一历史时期的韩信，早年间，在他还未发达时，曾遭受过"胯下之辱"的人生之耻。对于这种难以启齿的羞辱，韩信是否耿耿于怀，不愿和过去的伤痛和解呢？

事实上并没有。韩信深知，既然无法改变，就应坦然面对。尤为关键的是，他拥有更为长远的目光，选择向前看，不去计较一时的耻辱，勇敢地向前走去，是真正的勇士。因此，能忍受"胯下之辱"的他，反而能够在秦末乱世中大放异彩，为大汉王朝的建立立下了赫赫战功。

美国近代著名女作家、社会活动家海伦·凯勒，在她年仅两岁的时候，因为一场突如其来的疾病而丧失了视力和听觉。绚烂多彩的世界，仿佛突然消失了一般，海伦的人生，只剩下黑暗的颜色。

命运多舛的她，并没有选择低头屈服，而是勇敢地站了起来，向命运之神发起抗争。她跟着莎莉文老师，从学习读书认字和手语交流开始，先后考取剑桥女子学校和哈佛女子学院。大学毕业后，海伦还四处演讲，和正常人一样交流，还出版了《假如给我三天光明》这一著作，影响深远。

从创伤中走出来的海伦，破茧重生，改写了自我的人生命运。她的人生传奇，以夺目的光芒，照亮了她原本黑暗的人生道路。

不要让过往的创伤成为我们人生前行道路上的"心魔"，过去了，就让它轻轻地过去吧！没有必要将昔日的伤痛和苦难放大，重要的是满怀希望，拿起多彩的画笔，描绘出多彩自信的人生画卷。

在绝境中自渡

人生在世，没有谁愿意品尝陷入绝境中无助的滋味，但很多时候，命运的大手会一把将我们推入无尽的深渊，而在这种困境之下，能够真正让自己走出困境的，不是别人，而是自己。自渡，是摆脱绝境最好的出路。

心中有光，人生就有希望

晚清"中兴四大名臣"之一的曾国藩，曾说过这样一句人生感悟："君子但尽人事，不计天命，而天命即在人事之中。"

在这里，曾国藩告诉世人，任何时候，都要秉持"事在人为"的信念，不要将人生的得失成败，归结到虚无缥缈的天意安排上，唯有自渡才能自我救赎。

当身处绝境时，能够让你破除人生迷雾，在逆境中获得重生的，不是其他人，而是你自己。心中有光，你的人生就有无穷的希望。

青年时期的苏轼，春风得意。公元 1057 年，他和父亲、弟弟一起进京赶考，苏轼轻松取得当年科举第二名的优异成绩，金榜题名，"一日看尽长安花"，那是何等的荣耀和风光。

进士及第、青年才俊、英姿勃发的苏轼，一时间也成了宋廷耀眼的明日之星。然而，有得意处，便也有失意时，一场别有用心的"乌台诗案"，使猝不及防中的苏轼陷入了人生的绝境，甚而差一点因此丢了性命。

公元 1080 年初，死里逃生的苏轼，在漫天飞雪中，跌跌撞撞来到了黄州。这一次，他是以被贬的名义下放到了此地，远离了曾给了他无数高光时刻的朝廷中枢。

在黄州，苏轼深深体会到了人生低谷时的失意凄苦，身处异乡，只能自己苦苦挣扎。

幸运的是，苏轼并没有自此沉沦，他知道，只要努力去做一个心中有光的人，人生就不会一直被黑暗笼罩。心态平和了，苏轼也就能放下一切，坦然地面对所有的人生起伏波折了。

在黄州的几年时光里，苏轼将磨难当作人生宝贵的财富，他一步步远离曾经那个愤世嫉俗的自己，让自我的性情变得更为宽和温暖、豁达自信。这使得苏轼很好地从生命的困境和精神的困顿中成功突围出来，蜕变新生，成就了他文学创作上的辉煌。

"莫听穿林打叶声，何妨吟啸且徐行。竹杖芒鞋轻胜马，谁怕？一蓑烟雨任平生。"这是苏轼在黄州期间创作的一首《定风波》，里面的词句，正是他面对苦难的淡然乐观心态的写照。

或许，仕途的失意，正是对苏轼一次难得的考验。也如他在诗词中写到的那样："人有悲欢离合，月有阴晴圆缺。"大多数人的一生，都会有失意的低谷期。淡然处之，熬过了人生最为灰暗的一个阶段，就会迎来光明和新生。

调整心态，学会自渡

当一个人身处绝境时，如何得以凤凰涅槃、浴火重生，其中蕴藏着哪些人生智慧呢？

♥ 调整自我心态

自我心态的调整，关键在于修炼强大的内心。庄子说："夫哀莫大于心死。"在绝境面前，一个人如果心灰意冷，熄灭了内心希望的光，即使有外力的鼎力支持，他也很难从容地从绝境中挣脱出来。

内心有多强大，人生就会有多强大；心有多远，人生的路途就有多远。内心足够坚韧，就不会被任何艰难险阻压垮，而且会愈挫愈勇，百折不挠。

因此，无论在何种时候，我们都应让内心强大起来，有遇事从容、泰山崩于前而色不变的沉稳镇定，有一往无前、敢于和命运奋勇抗争的勃勃雄心，还要有"自信人生二百年，会当水击三千里"的宽阔胸襟。在人生的低谷期，只管拼尽全力向前冲，你的人生将拥有无限的可能。

努力上进，在坚持中等待转机的出现

生活很少是一路坦途的，当身处困境和低谷时，你只需要做两件事：

一是努力上进，不要被眼前暂时的困难吓倒，拿出应对危机挑战的无畏勇气，去拼搏，去奋斗，一步步从束缚我们的泥沼中挣脱出来。

二是意志坚定，告诉自己无论面对再大的困境，都要有毅力坚持下去，绝不轻言放弃，一直满怀信心地向前走。

很多时候，那些有着强大信念的人，不是因为看到了希望才要继续坚持，而是他们知道，只有坚持再坚持，才能看到希望。做到了这一点，相信总有一天，你必将冲破黑暗的阻挠，在柳暗花明处拥抱姗姗而来的幸福。

以梦为马，不负韶华

孔子曰："逝者如斯夫，不舍昼夜。"时间的长河川流不息，在人生的黄金期，我们每一个人都应当拥有鸿鹄般远大的志向，有清晰明确的奋斗目标和崇高理想，奔跑在努力拼搏的道路上，不负韶华。

以理想为指引，让梦想开出绚烂之花

人生最大的遗憾是什么呢？每个人的理解不同，答案或许会有千万种。有人说是失去了爱情，也有人说是错过了发财的机会……

其实，这些都不算是最大的遗憾，真正的遗憾，是在自身应该奋斗的美好年华里，却选择了安逸。因为安逸，我们停下了追逐梦想的脚步，失去了进一步成长的机会，还因此错过了很多很多。

为了不让人生有遗憾，我们应该充满理想，以理想为导向，踏上追梦之路，让梦想开出绚烂之花。

杨菲是一名品学兼优的大学生，毕业时，她放弃了在别人眼中体面稳定的职业，义无反顾地选择了去山区支教的工作。

一开始，杨菲的父母对女儿的选择不太满意，不理解女儿为什么不留在大城市，那样才会有更好的发展机会。杨菲坦诚地和父母沟通交流，说是山区还有很多孩子缺乏良好的教育条件，她愿意用自己学习到的知识，去教授这些孩子，一方面这是对自己人生成长的最好锻炼，另一方面也是圆自己一个教师梦。

就这样，说服了父母的杨菲，毅然选择了去山区支教。在这里，杨菲克服了种种不便，很快和孩子们打成一片，将知识的种子播撒在了这片偏远的土地上。

三年的支教时光，不仅让杨菲迅速地成长起来，也让杨菲获得了社会各界诸多的荣誉。尤其难得的是，她和母校联合，在母校的大力支持下，她带领的特长班，经过层层选拔，参加了全省机器人大赛，并获得了一等奖。

在谈到这份支教经历时，杨菲高兴地说，每一个孩子可塑性都很强，都是成才的好苗子，她选择支教，只是想让孩子们多一些看到外面世界的机会，激发他们努力向上的内生动力。而她自己，也能从中收获满满的成就感和幸福感。

杨菲的故事告诉我们，有梦想的人生，就会有坚定的发展方向，在大好的青春时光，以梦为马，保持对理想的热爱、好奇和探索的精神，我们的人生将会因此大为不同。

奋斗和拼搏才是生命最为美丽的颜色

生命因磨砺而有夺目的光芒，人生因奋斗而充满无限的精彩。不负韶华，奋斗和拼搏才是人生最绚烂的底色，也是获得幸福感的源泉、动力。

在大好的青春时代，个体的成熟和成长，需要我们有永不言弃的担当精神，有无所畏惧、勇往直前的拼搏劲头，更有劈波斩浪的开拓创新信念，让人生在实现自我梦想的奋进追逐过程中，展现出奋力奔跑的飒爽英姿。

说到奋斗和拼搏，又应当如何做起呢？

❤ 在宝贵的时间里，努力再努力

"少壮不努力，老大徒伤悲。"朴素的话语中，却折射出深刻的哲理。在这个世界上，时间对于每一个人来说都是公平的，一分也不多，一分也不少。所以，如何利用这宝贵的时光，是我们能否让梦想成真的关键。

生活中有些人计划很多，梦想无数，然而却在应该奋斗的年纪，肆意挥霍青春，等到韶华已逝时，再去沮丧懊悔，已追悔莫及。美好的年华就只有那么多，又怎么能随意浪费呢？正如岳飞在《满江红》中所说的那样："莫等闲，白了少年头，空悲切。"

🍂 有切实可行的目标和计划，脚踏实地一步步到达梦想的终点

梦想是可贵的，有梦想的人生富有无穷的意义。但在追寻梦想的道路上，要为自己设立切实可行的目标和计划，不要幻想一口吃成胖子，也不要脱离实际，要充分结合自身的实际，分阶段制订计划和实现步骤，沉下心来，吃得了苦，耐得住寂寞与孤独，在努力耕耘中奔向梦想的终点。

🍂 多激励自己，不灰心，不放弃

在逐梦、圆梦的道路上，会遇到无数坎坷荆棘，每当自己想要放弃的时候，不妨扪心自问：你是否愿意接受现在的自己？又是否能够忍受自己的平庸？如果不能，就请埋头继续奋斗。

再微小的星光，也能在夜空中散发璀璨的光芒。相信自己，不放弃自己，努力奋斗，就一定会有生花成景、落花成诗的梦想成真时刻。

过健康的生活，养成好习惯

在人的一生中，和功名利禄、荣华富贵相比，健康才是最大的财富。失去了健康，一切都是零。所以，请重视自我身体的健康问题，在日常的生活中，养成一个良好的生活习惯，快快乐乐、健健康康地生活。

健康永远是第一位的

现代社会，快节奏的生活和激烈的竞争常令人处于强大的压力之下。尤其是那些职场人士，为了工作和前途，不敢有丝毫的松懈，每时每刻都像是上满发条一般，始终让身心处于一个高度紧张的状态。长此以往，自然会给自己的身体健康带来严重的负面影响。

难道他们不知道身体健康的重要性吗？当然不是，他们中的大多数人也明白有一个健康的身体非常重要。然而，在他们的内心深处，总是想当然地认为自己还年轻，病痛还是一个无比遥远的事情，或者自我安慰，再拼搏几年，等有了优裕的物质生活，就可以好好休息调养了。

显然，抱有这种观念的人士，无疑将健康和金钱、奋斗本末倒置了。要知道，如果没有一个健康的身体，哪里有奋斗的资本呢？失去了健康，拥有再多的金钱又有什么用呢？

俗话说："身体是革命的本钱。"生活中那些以牺牲健康为代价来换取金钱、地位的行为，是最不明智的。一个人即使在奋斗后拥有了财富和地位，但失去了一个健康的身体，又有什么意义和幸福可言呢？

因此说，以牺牲健康为代价来换取名利的行为，是最不值得的。反过来，如果身体健康，任何时候都能投入奋斗中去，在保持一个健康身体的基础上去追求成功，这才是双赢的局面。

有人曾把健康比作数字"1"，而其他诸如名利、地位、身份、金钱、房子、车子等，都是"1"后面的无数个数字"0"。只有保证健康的数字"1"屹立不倒，其后面的"0"才有存在的意义和价值；失去了"1"，一切都将归零。

养成健康生活好习惯

身体健康，才能有拼搏奋斗的资本。健康和奋斗之间，是一种良性循环、相辅相成的关系，在这种和谐关系中，我们才能真正地拥抱幸福。在日常生活中，想要养成健康生活的好习惯，不妨从以下几个方面着手：

多运动

生命在于运动。运动是保持身体健康的一个良好生活习惯。然而，在现代社会中，大多数人或忙于工作，无暇运动，或沉迷玩手机、追剧等娱乐消遣中，无心运动。殊不知，久坐不动，对身体有百害无一利。

一方面，久坐会使血液流通不畅，天长日久，导致大脑供血不足，心脏机能衰退；另一方面，久坐不动，会出现颈椎、腰椎等方面的疾病。

而坚持每天运动，为自己制订一个合理的运动计划，如晨跑、骑行、球类运动等，可有效提升身体素质，增强免疫力。

合理饮食

北宋诗人陆游在《食粥》一诗中写道："世人个个学长年，不悟长年在目前。我得宛丘平易法，只将食粥致神仙。"

在这里，诗人提倡清淡的饮食理念，而粥类食物对于中老年人来说，更容易吸收，有益于养生。

当然，饮食需要清淡一些，避免大鱼大肉，但更要注重营养方面的均衡，肉类和素食应合理搭配。除肉蛋奶外，生活中还要多吃粗粮、蔬菜、水果等，培养健康的饮食习惯，远离高脂肪、高盐类食物。

💜 多喝水，尽量做到戒烟戒酒

水是生命之源。生活中很多人只是在感觉口渴的时候，才想起给身体补充水分，这自然是一种错误的生活方式。对于成年人来说，一天要饮用至少 2000 毫升的水，才能保持身体所需。

吸烟饮酒的危害有目共睹，长期大量吸烟喝酒，对肝脏、肺、胃等器官的损害是不可逆的。因此，如有这些不良嗜好，要尽量早早戒除，或严格控制。

💜 早睡早起，保持乐观的心态

长期熬夜，会导致免疫力下降，损伤神经系统。日常生活中，一定要让自己保持充足的睡眠，早睡早起，作息规律。

除此之外，乐观的心态、积极的情绪，对身体的健康也有着莫大的益处。正如宋代理学家程颢在《春日偶成》一诗中写道："云淡风轻近午天，傍花随柳过前川。时人不识余心乐，将谓偷闲学少年。"

心态年轻，内心平和，身心始终处于一个愉悦的状态中，自然就会有一个健康的好身体。

珍惜所有，活在当下

人生是一场单程旅行，没有人可以有重来的机会，因此，我们应当珍惜所拥有的一切，亲情、爱情、友情……心怀感恩，知足常乐，从容笑对生活，活在当下，将平凡普通的日子演绎成诗意的生活！

珍惜友情、爱情、亲情，也要好好爱自己

光阴如流水，正如李白在《宣州谢朓楼饯别校书叔云》一诗中所写的那样："弃我去者，昨日之日不可留。"无论你是否承认，时光都在一刻不停地从我们身边悄悄流逝，无论你是驻足不前还是奋力前

行，时间都在无差别地前进。

当逝去的岁月累积成了诸多沧桑的回忆，回首往昔，我们便会发现，曾经有很多人、很多事，在我们还未来得及珍惜前，已经在不知不觉中成为过往；友情、爱情、亲情，在我们还没有真正学会珍视之前，也在匆匆的时光中成为过客。

我们一不小心就长大、变老了，等到看清生活的真谛时，才明白生命的历程中从来没有如果，那时的我们才会明白，只有学会珍惜眼前拥有的一切，才是幸福快乐的人生。

珍惜友情，一个人身边若能有三五知己，在你取得人生的辉煌时为你高兴，当你处于人生低谷时也不离不弃，鼓励你、安慰你、帮助你，那将是莫大的幸福。

大浪淘沙，患难时刻见真情。在人生的起起落落中，能够始终如一地陪伴在你身边的朋友，无疑是真正的朋友，面对这份赤诚如金的友情，应当好好去珍视，拿出十分的热情用心呵护。

爱情和婚姻，是我们情感关系中不可或缺的存在。能遇到彼此相爱的人，遇到一个懂你、爱你的人，每天会和你分享喜悦与快乐，化解你的忧愁和烦恼，相互理解，相互尊重，相濡以沫，这是人生多么幸运和幸福的事情！

所以，对待你生命最为重要的另一半，要有珍惜之心、真挚之情，真诚地投入爱的世界里，不要等到失去了才悔恨万分，那时已然追悔莫及了。

要懂得重视亲情。其实在人世间，最容易被人忽略的就是亲情。父母长辈的爱，在我们眼中是理所当然的付出；儿女的学习成长，我们也常常因为忙于事业而疏忽了……

很多时候，我们肆意地享受着身边亲人的爱，却从不懂得珍惜和回报，总以为来日方长。谁知在匆匆之间，等时过境迁了，就只能空留遗憾了。

在友情、爱情、亲情之外，我们还应珍惜从事的工作，珍惜自己的身体，好好地去爱自己，这样才能有余力去好好爱他人。

人生不过三万天，我们更应珍惜生命中的每一天，远离不满和抱怨，不畏将来，不念过往，在微笑中亲近生活，在知足常乐中拥抱幸福。

活在当下，全力以赴

人们常说，人生百年，如白驹过隙，转瞬即逝。在并不漫长的生命历程中，对于每一个人来说，最为重要的是活在当下，把握好生命中的每一天，趁一切还来得及，趁时光不老，去爱你想爱的人，做你想做的事，追求你想要的幸福生活。

活在当下，我们一方面要珍惜眼前所能得到的、所能拥有的一切，另一方面还应怀有积极的心态，拿出改变自我人生的勇气和力量，全力以赴向前冲刺。不仅要努力地活下去，还要努力活出人生的精彩。

全力以赴地去追寻幸福的生活，应当具有这样的心态和言行：

一是眼里应有快乐的光芒。

眼里有快乐的光芒，看到外界的一切事物都是美好的，内心也便充满了希望。在这种积极乐观的情绪感染下，我们会对现时的自己感到满意，也会对未来富有信心，不再患得患失，无惧挫折困苦，一直迎着阳光奋力奔跑。

二是做好自己，把握现在。

全力以赴，努力前行，关键是要把握现在，有一份安稳踏实的工作，有充满激情的理想与追求，让每一天都常在常新。

也许昨天我们留有很多的遗憾，错过了许多。不过没关系，付出了就无怨无悔，重要的是现在，从今天开始，从现在做起，认认真真、从从容容地走下去，相信就能遇见更多的美好。

放慢节奏，享受生活

美好的生活是什么呢？拥有美好的生活，关键在于要让自我拥有一颗平常心。得之泰然，失之淡然，在兼顾工作和事业的同时，也应适度放慢生活的节奏，给身心一个休憩的机会。学会享受生活，也是给努力的自己一个最好的奖励。

慢下来，没有必要和自己太过较劲儿

在当今快节奏的时代，许多人每日里都在不停地忙忙碌碌，周而复始，日程表被排得满满当当，永远有做不完的事。

因为忙碌，我们身心俱疲，当极其疲惫时，还会下意识地自我安慰：再坚持一下，再忍耐一会儿，熬过了眼前这一段的痛和苦，前方不远处会有甜蜜和幸福等着我们。

就这样，一路匆匆前行的我们，却在无意中忽略了沿途无数美丽的风景，反而将最为美好的事物给弄丢了。

为此，我们还会为自己找来许许多多的借口，说是为了生活不得不去劳碌奔波，为了前途梦想不得不拼搏奋斗，在快节奏的时代，一切都是那么身不由己。

但静下心来，我们是否认认真真地想过，一路埋头前行，除了努力奋斗，证明自我的人生价值之外，我们的精神生活，是否还需要填充一些更为充实的内容呢？

显然，在自我努力拼搏的道路上，应当适当地让前行的脚步慢下来，慢一些，才有时间从容地发现和享受生活中更多美好的事物。

请放慢节奏，莫要和自己较劲儿，不要为了工作而忽略了美好的生活，也不要在自己应该享受美好时光的时候，让忙碌占据了生活的全部。

慢下来，远离复杂的人际关系，远离纷纷扰扰的喧嚣，在难得的宁静中学会调节自我，享受生活，适当地去"偷一下懒"。当内心平稳、坦然、从容了，我们也就更容易发现自己最想要的究竟是什么。

慢下来，在从容中发现人生至美

生活中的每个人，都希望通过努力奋斗获得事业的成功、财富的自由和家庭的美满幸福。然而，在一路打拼之后，回首来路，我们会突然发现，自己光顾着拼搏和奋斗了，却忘了去深入地挖掘生活中更多的美好。

我们应当知道的是，豁达淡然的生活态度，才是人生最大的智慧。不要和自己较劲儿，工作忙碌之余，还要懂得去享受美好的生活，去看一看外面色彩斑斓、充满生机的大自然，去感受阳光从头顶洒落的温暖，去修炼从容淡雅的心境。当前行的脚步慢下来，我们便能在惊喜中领略人生至美的风景，渐渐活成自己喜爱的模样。

在快节奏的时代，怎样才能让自己慢下来，能够坦然地品味生活、享受生活呢?

首先是降低欲望，放下对名利、物质的过高追求。幸福的生活，需要一定的物质基础作为支撑，我们不否认拼搏上进，但反对为了名利不择手段地刻意投机钻营。这样做，背离了努力奋斗的本质，我们会在身心桎梏中负重前行，越走越累，陷入迷茫的深渊。我们应降低欲望，回归本心，一边在事业、前途上用心，一边放慢脚步，去享受生活中的种种美好。

其次是有正当的兴趣爱好，在闲暇之余，投入地去做一件事。比如，学习绘画，种花养草，弹琴下棋，烹饪美食，以及外出走走和山水相逢等，在随性悠闲、快乐自在中，将幸福融入每一个充满生活品位的日子里，将所有温暖都沉淀为人生最美的光影。

参考文献

REFERENCES

[1] [美] 伯纳德·金．情商大师：如何快速成为一个淡定的人·息怒篇 [M].翁婉仪，译．北京：北京联合出版公司，2018.

[2] [英] 伯特兰·罗素．幸福之路 [M].黄菡，译．天津：天津人民出版社，2021.

[3] [英] 伯特兰·罗素．罗素论幸福 [M].左安浦，译．南京：江苏凤凰文艺出版社，2021.

[4] [美] 布莱克·D.鲍尔．找到你的生命礼物 [M].李菲，译．南京：江苏凤凰文艺出版社，2018.

[5] 董欣然．有想法更要有办法 [M].北京：北京理工大学出版社，2016.

[6] 高品致．遇见幸福的你 [M].北京：中央广播电视大学出版社，2012.

[7] 何新波．休闲如此简单 [M].深圳：海天出版社，2009.

[8] 侯遥．人生提醒——心态篇 [M].广州：广州科技出版社，2009.

[9] 姜越．心灵瑜伽：和心灵有个约会 [M].北京：中国财富出版

社，2016.

[10] 李静，王应美 . 培养孩子注意力的 100 个细节 [M]. 天津：天津科学技术出版社，2021.

[11] 李良婷，曹博 . 格局决定命运 [M]. 北京：新世界出版社，2011.

[12] 李娜，徐佳军 . 浑沌与创伤：浑沌心理与精神分析的相遇 [M]. 成都：四川大学出版社，2017.

[13] 李文超，徐秋秋 . 幸福的真相：让 100 万人获益的幸福心理课 [M]. 北京：台海出版社，2022.

[14] 林贺 . 心理的秘密 [M]. 北京：中国商业出版社，2013.

[15] 刘红 . 人生有方向，青春不迷茫：给所有年轻人的青春规划课 [M]. 北京：中国商业出版社，2016.

[16] [美] 马丁·塞利格曼著 . 真实的幸福 [M]. 洪兰，译 . 杭州：浙江教育出版社，2020.

[17] [美] 蒙娜·丽莎·舒尔茨，露易丝·海 . 治愈你的心灵：有效应对抑郁、焦虑、学习障碍与记忆衰退 [M]. 曾早垒，李静，张琦，译 . 北京：人民邮电出版社，2018.

[18] 庞世烨 . 每天成功一点点 [M]. 北京：线装书局，2009.

[19] 蔷薇花开 . 世上没有不带伤的人 [M]. 北京：中国华侨出版社，2014.

[20] 深海 . 二十几岁，阳光心态决定你的一生 [M]. 北京：化学工业出版社，2010.

[21] 石岩 . 平凡的家庭杰出的孩子 [M]. 北京：中国华侨出版社，
2009.

[22] 史志敏 . 每天，给自己一个微笑 [M]. 呼和浩特：内蒙古人
民出版社，2009.

[23] 万俟兰 . 不失温柔　不拒刚强 [M]. 成都：天地出版社，
2015.

[24] 王晓兵 . 工作要有使命感 [M]. 北京：中华工商联合出版社，
2013.

[25] 武志红 . 为何越爱越孤独 [M]. 北京：化学工业出版社，
2009.

[26] 晓平 . 养出独立的孩子，是父母一生的福气 [M]. 天津：天
津人民出版社，2021.

[27] 羊达令 . 比起努力，我们更需要自控力 [M]. 南京：江苏凤
凰文艺出版社，2019.

[28] 叶舟 . 恰到好处的孤独：每天读点叔本华 [M]. 南昌：江西
人民出版社，2016.

[29] 袁丽萍 . 这个年头，你快乐了吗：幸福一生的 24 堂快乐课
[M]. 北京：中国财富出版社，2013.

[30] 张小宁 . 哈佛情绪掌控课（最新实用版）[M]. 北京：台海出
版社，2017.

[31] 赵建 . 心理操纵术全集 [M]. 哈尔滨：黑龙江科学技术出版
社，2010.

[32] 郑一. 你就是脾气太坏：如何控制自己的情绪 [M]. 北京：中国纺织出版社，2018.

[33] [日] 中谷彰宏. 有了烦恼我不烦：追求幸福的 49 种方法 [M]. 时晨，译. 北京：当代中国出版社，2005.

[34] 周化海. 让生命更灿烂 [M]. 呼和浩特：远方出版社，2007.

[35] 朱俊青. 打骂教不出好孩子（最新版）[M]. 北京：中国华侨出版社，2009.

[36] 左群英. 同情教育论 [M]. 北京：人民出版社，2012.

[37] 陈璐，李鹏程. "00 后"大学生手机依赖症的现状及对策 [J]. 安徽建筑大学学报，2021（2）：111-114.

[38] 刘红燕. 手机依赖对大学生心理健康的影响 [J]. 教师，2016（5）：5-6.

[39] 刘玉林. 大学生手机依赖症的分析及预防 [J]. 现代预防医学，2014（2）：270-272.

[40] 吕国庆；周琰. 意义幸福倾向与幸福感的关系：亲社会行为和基本心理需要的多重中介作用 [J]. 心理技术与应用，2021（2）：95-101.

[41] 吴东红，向勇，刘北. 幸福心理学刍议 [J]. 山西师大学报（社会科学版），2014（S5）：28-29.

[42] 王双阳. 新家教时代，家长需要再学习 [J]. 教育家，2022（5）：56-58.

[43] 王新. 论人格与幸福 [J]. 烟台大学学报（哲学社会科学版），

2009（3）：8-12.

[44] 俞国良 . 心理健康的新诠释：幸福感视角 [J]. 北京师范大学学报（社会科学版），2022（1）：72-81.

[45] 张玲，朱杰，王建明 . 手机依赖现象对当代大学生睡眠和心理健康的影响 [J]. 公共卫生与预防医学，2017（2）：108-111.